Gott ist bei uns

Ein Bonhoeffer-Lesebuch

Ausgewählt und eingeleitet von Klaus Koziol

topos premium

Verlagsgemeinschaft topos plus
Butzon & Bercker, Kevelaer
Don Bosco, München
Echter, Würzburg
Matthias Grünewald Verlag, Ostfildern
Paulusverlag, Freiburg (Schweiz)
Verlag Friedrich Pustet, Regensburg
Tyrolia, Innsbruck

Eine Initiative der
Verlagsgruppe engagement

www.topos-taschenbuecher.de

Bibliografische Information der Deutschen Nationalbibliothek
Die Deutsche Nationalbibliothek verzeichnet diese Publikation in der Deutschen Nationalbibliografie; detaillierte bibliografische Daten sind im Internet über http://dnb.d-nb.de abrufbar.

ISBN: 978-3-8367-0016-0
E-Book (PDF): ISBN 978-3-8367-5061-5
E-Pub: ISBN 987-3-8367-6061-4

Umschlagabbildung: © bpk / Staatsbibliothek zu Berlin
Einband- und Reihengestaltung: Finken & Bumiller, Stuttgart
Satz: SATZstudio Josef Pieper, Bedburg-Hau
Herstellung: Friedrich Pustet, Regensburg
Printed in Germany

Inhalt

Hinführung

Wenn heute der Name Dietrich Bonhoeffer fällt, assoziieren viele Menschen mit diesem Namen Widerstand gegen Hitler, die Briefe Bonhoeffers aus dem Gefängnis und sein „Von guten Mächten still und treu umgeben". Da spricht ein Mensch, der in radikaler Weise sein Christentum lebt. Doch, wenn man so will, ist Bonhoeffer in den Jahren seit dem Ende der Naziherrschaft so „weichgespült" worden, dass er akkurat in unsere Wohlstandsgesellschaft zu passen scheint.

Aber es kann Erstaunliches geschehen, wenn man Bonhoeffers Schriften, gerade seine Predigten, genauer liest: Hier kann man einen Menschen entdecken, der sich radikal und unbedingt auf Jesus Christus einlässt, ihn radikal in sein Leben lässt und ihn radikal zum Fixpunkt seines Lebens macht. Die Ausschließlichkeit und Radikalität der Christusbeziehung Bonhoeffers verstören zutiefst, doch gerade diese Radikalität gibt den Menschen unserer heutigen Zeit auch die Chance, mit Bonhoeffer glauben, leben und sterben zu lernen.

Glauben lernen heißt nicht, irgendetwas irgendwie zu glauben. Für Bonhoeffer heißt wirklich glauben nur eines: glauben an Gott allein, der Mensch geworden ist in Jesus Christus, um mit dem Tod und der Auferstehung in ein erfülltes Leben mit Gott zu gelangen. Das heißt glauben lernen: „alles von Gott erwarten und auf die Wiederkunft Christi und sein Reich hoffen". Der Kern des Glaubens an Gott hängt an diesen beiden Worten: am „allein" und am „alles“. Niemandem Macht zugestehen, außer Gott allein, kein Hoffen, kein Sehnen, außer auf Gott, kein Mut und keine Macht, außer von Gott. Allein auf Gott hin und allein von Gott her leben, und alles von ihm erwarten, allein von ihm – das ist das Wagnis des Glaubens des Dietrich Bonhoeffer.

Solch eine Radikalität des Glaubens muss natürlich Konsequenzen für den so Glaubenden haben: „alles in Gottes Hand legen“ auf der einen Seite und „alles Gott geben, was mir gehört, nichts für mich haben wollen“ auf der anderen Seite.

Das bedeutet: Alles Gott geben, alles ihm anvertrauen, weil „alles aufgehoben und geborgen ist in Gott, dem Schöpfer der Welt“. Es ist nur ein einziger Schritt zum Glauben hin, und doch ein gewaltiger Schritt, der Schritt, allein von Gott alles zu erwarten. Und „alles“ heißt für Bonhoeffer tatsächlich „alles“. Es bedeutet nicht: Hier mache ich meinen Teil, dort kann Gott seinen Teil wirken. Nein: „Alles“ heißt „alles“, auch wenn es uns zuwiderläuft.

Für uns ist es wichtig, Bonhoeffer als großen Glaubenslehrer zu erfahren, der nicht fragen will, was Christus für uns heute bedeutet, sondern „wer Christus heute für uns eigentlich ist“. Wer, nicht was! Das kennzeichnet seinen Glauben, er weiß für sich: Nicht etwas Abstraktes kann dem Menschen helfen, sondern nur der leidende Christus am Kreuz. Diesen in der jeweils gegenwärtigen Welt zu suchen ist die einzige Chance, für die sogenannten „letzten Fragen“ – Tod, Schuld – eine Antwort zu finden, auf die nur Gott eine Antwort geben kann. Gott in der Welt zu finden kann nur gelingen durch das „Hineingerissen werden in das messianische Leiden Gottes in Jesus Christus“.

Für Bonhoeffer ist klar: „Nicht der religiöse Akt macht den Christen, sondern das Teilnehmen am Leiden Gottes im weltlichen Leben.“ Das impliziert, dass dieses Teilnehmen ein aktives Teilnehmen ist, kein Rückzug in die (doch behagliche) Innerlichkeit: „Die Verdrängung Gottes aus der Welt, aus der Öffentlichkeit der menschlichen Existenz, führte zu dem Versuch, ihn wenigstens in dem Bereich des ‚Persönlichen‘, ‚Innerlichen‘, ‚Privaten‘ noch festzuhalten.“ In die Welt und für die Menschen ist der

Christ im Auftrag Gottes gestellt, denn es heißt: „Dein Reich komme zu uns [...]. Nicht Ich und Gott, sondern Wir und Gott fragen wir Heutigen. Nicht dass Gott in meiner Seele einkehre, sondern dass Gott unter uns sein Reich schaffe, das ist unser heutiges Gebet." Also nur in der „vollen Diesseitigkeit des Lebens" ist Christsein möglich, nur in der „vollen Diesseitigkeit des Lebens" kann sich der Glaube bewähren. Dietrich Bonhoeffer hat dies mit seinem Glauben und mit seinem Leben bezeugt. „Nicht um das Jenseits, sondern um diese Welt, wie sie geschaffen, erhalten, in Gesetze gefasst, versöhnt und erneuert wird, geht es doch." Wenn es stimmt, dass Dietrich Bonhoeffer eine „einzigartige Synthese aus theologisch fundiertem Christentum und politischem Widerstand" gefunden hat, dann ist diese Synthese kein Zufall, sondern der Kulminationspunkt seines Glaubens: radikal diesseitig und radikal jenseitig. Das schließt sich nicht aus, sondern ist aufs Engste miteinander verbunden. Die Radikalität des Handelns in der Welt entspringt bei Bonhoeffer der Radikalität seines Glaubens:

Alles von Gott oder nicht.
Allein Christus oder nichts.
Alles im Gebet,
den Menschen nahe zu sein.[1]

1 Die Texte sind – wenn nicht anders vermerkt – den Dietrich Bonhoeffer Werken (DBW), hrsg. von Eberhard Bethge, Ernst Feil, Christian Gremmels, Wolfgang Huber, Hans Pfeifer, Albrecht Schönherr, Heinz Eduard Tödt, München 1986ff., entnommen. Sie wurden behutsam der heute geltenden Rechtschreibung und Interpunktion angepasst. Zu Bonhoeffer ausführlicher vgl.: Klaus Koziol, Entschieden Christ sein. Dietrich Bonhoeffers Zeugnis für heute, Ostfildern 2015.

Ich gehöre mit Stolz einer Familie an

Vor dir denke ich an all die Meinen,
an die Mitgefangenen und alle
die in diesem Hause ihren schweren Dienst tun.
Herr, erbarme dich.
Schenk mir die Freiheit wieder
und lass mich derzeit so leben,
wie ich vor dir und vor den Menschen verantworten kann.
Herr, was dieser Tag auch bringt – dein Name sei gelobt.

Dietrich Bonhoeffer, Weihnachten 1943, DBW 8, S. 206

An das Reichssicherheitshauptamt, 15. 9. 1940, DBW 16, S. 62

Ich gehöre mit Stolz einer Familie an, die sich um das Wohl des deutschen Volkes und Staates seit Generationen verdient gemacht hat. Zu meinen Voreltern gehören der Generalfeldmarschall Graf Kalckreuth und die beiden großen deutschen Maler gleichen Namens; gehört der in der gesamten wissenschaftlichen Welt des vorigen Jahrhunderts bekannte Jenenser Kirchenhistoriker Karl v. Hase; die Bildhauerfamilie Cauer; mein Onkel ist der Generalleutnant Graf v. d. Goltz, der das Baltikum befreite; sein Sohn, der Staatsrat Rüdiger Graf v. d. Goltz, ist mein Vetter ersten Grades; der im aktiven Heeresdienst stehende Generalleutnant v. Hase ist mein Onkel; mein Vater ist seit fast 30 Jahren ordentlicher Universitätsprofessor der Medizin in Berlin und steht bis heute in ehrenvollen Staatsämtern; seine Vorväter haben jahrhundertelang als hochangesehene Handwerker und Ratsherren der damaligen freien Reichsstadt Schwäbisch-Hall gelebt und noch heute zeigt man dort ihre Bilder mit Stolz in der Stadtkirche; meine Brüder und Schwäger stehen in hohen staatlichen Stellungen, einer meiner Brüder fiel im Weltkrieg. Es ist das Streben aller dieser Männer und ihrer Familien gewesen, dem deutschen Staat und Volk zu jeder Stunde zu dienen und ihr Leben für diesen Dienst einzusetzen.

Vater Karl Bonhoeffer am 8. Oktober 1945,
zit. nach: Dietrich Bonhoeffer,
Bilder eines Lebens, Hrsg. v. Renate Bethge und Christian Gremmels,
Gütersloh 2005, S. 158

Lieber Herr College!

Ich habe mich außerordentlich gefreut, durch Ihren Nachbarn Grüße von Ihnen zu bekommen und zu hören, dass es Ihnen drüben gut geht und Sie eine interessante Tätigkeit haben. Dass wir viel Schlimmes erlebt und zwei Söhne (Dietrich, der Theologe, und Klaus, Chefsyndikus der Lufthansa) und zwei Schwiegersöhne (Prof. Schleicher und Dohnanyi) durch die Gestapo verloren haben, haben Sie, wie ich höre, erfahren. Sie können sich denken, dass das an uns alten Leuten nicht ohne Spuren vorübergegangen ist. Die Jahre hindurch stand man unter dem Druck der Sorge um die Verhafteten und die noch nicht Verhafteten, aber Gefährdeten. Da wir alle aber über die Notwendigkeit zu handeln einig waren und meine Söhne auch sich im Klaren waren, was ihnen bevorstand im Falle des Misslingens des Komplotts, und mit dem Leben abgeschlossen hatten, sind wir wohl traurig, aber auch stolz auf ihre gradlinige Haltung ...

An Christoph Bethge, 18. Juni 1942, DBW 16, S. 312

Ich lebe ein Leben, das dem Deinigen kaum in irgendetwas ähnelt und dir fremd sein muss. Und doch, gerade diese lange Fahrt durch unser schönes Land, die Blicke auf die Dome von Naumburg, Bamberg, Nürnberg, auf die bestellten und teils so kärglichen Felder, der Gedanke, dass dies alles Arbeitsfeld und Freude für viele, viele Generationen gewesen ist, geben mir die Zuversicht, dass hier doch ein gemeinsamer Boden, eine gemeinsame Aufgabe, eine gemeinsame Hoffnung da ist, also etwas, was die Kluft der Generationen überwindet. Wenn man das bedenkt, so wird einem das eigene kurze persönliche Leben relativ unwichtig, man beginnt in größeren Zeiträumen und Aufgaben zu denken. Du stehst zurzeit eingereiht in eine Gemeinschaft, die jedenfalls eine der großen Wendungen der Geschichte tätig miterlebt. Du selbst kannst kaum etwas für den Gesamtgang der Dinge tun, du fühlst dich wahrscheinlich oft ganz überflüssig, fehl am Platz, hast allerlei persönlichen Kummer und Kampf. Was soll ich da heute andere Wünsche für dich haben, als dass du lernst, diese kleinen persönlichen Dinge, Wünsche und Beschwerden nicht allzu wichtig zu nehmen, sondern dich an deiner Stelle und in den dir gegebenen Möglichkeiten als ein Glied in der langen Folge dieser Geschlechter zu verstehen, die für ein schönes, echtes und – frommes Deutschland gearbeitet und gelebt haben und es noch tun?

Aus einem Dramenfragment 1943, Heinrich an Christoph, das Alter Ego Bonhoeffers, DBW 7, S. 63

Unsereiner fragt sich vorher hundertmal, was für einen Eindruck es macht, wie es wirkt, ob es nicht missverstanden wird – du hast das nicht nötig, dazu bist du deiner selbst viel zu sicher, du kommst einfach und setzt voraus, dass der andere sich schon irgendwie damit abfinden wird, und wenn er es doch missversteht, so berührt dich das gar nicht. So seid ihr Aristokraten.

Aus einem Dramenfragment 1943, Christoph, das Alter Ego Bonhoeffers, antwortet Heinrich, DBW 7, S. 65–67

Heinrich, lass mich ein offenes Wort mit dir reden. Soviel ich weiß, sind unsere Lebensgänge sehr verschiedene gewesen. Ich will nicht sagen, dass das etwas Unwichtiges ist. Ich kenne die Welt, in der du aufgewachsen bist, kaum; unsereiner lernt sie im Grunde nie kennen. Aber auch du kennst meine Welt nicht. Ich stamme aus einem sogenannten guten Haus, d. h. aus einer alten angesehenen Bürgerfamilie, und ich gehöre nicht zu denen, die sich schämen, das auszusprechen. Im Gegenteil. Ich weiß, was für eine stille Kraft in einem guten Bürgerhaus lebt. Das kann keiner wissen, der nicht hineingewachsen ist. Man kann es auch schwer erklären. Aber eins musst du wissen: Wir sind groß geworden in der Ehrfurcht vor dem Gewordenen und dem Gegebenen und damit in der Achtung vor jedem Menschen. Misstrauen gilt uns als gemein und niederträchtig. Das unbefangene Wort und die unbefangene Tat des anderen Menschen suchen wir und wollen wir ohne Argwohn hinnehmen. Nichts ist verderblicher für das Zusammenleben als den Unbefangenen zu beargwöhnen und in seinen Motiven zu verdächtigen. Das heute zur Mode gewordene Psychologisieren und Analysieren der Menschen ist die Zersetzung jedes Vertrauens, die öffentliche Verleumdung alles Anständigen, die Revolte alles Gemeinen gegen das Freie und Echte. Die Menschen sind nicht dazu da, sich gegenseitig in den Abgrund ihres Herzens zu sehen – sie können es doch nicht –, sondern sie sollen einander begegnen und hinnehmen, wie sie sind – einfach, unbefangen, in mutigem Vertrauen. Verstehst du mich?

Dietrich Bonhoeffer, Brief an die Eltern, aus dem Gefängnis,
15. Mai 1943, DBW 8, S. 69

Nach längerer Zeit erhielt ich euren Brief [...] Habt vielen Dank! Für wen das Elternhaus so sehr ein Teil des eigenen Selbst geworden ist wie für mich, der empfindet jeden Gruß mit ganz besonderer Dankbarkeit. Ja, wenn wir uns doch wenigstens mal kurz sehen oder sprechen könnten! Das wäre eine große innere Entspannung.

Dietrich Bonhoeffer, Brief an die Eltern, aus dem Gefängnis,
24. Juni 1943, DBW 8, S. 105

Was für ein Reichtum ist in solchen bedrängten Zeiten eine große, eng miteinander verbundene Familie, wo einer dem anderen vertraut und beisteht! Ich habe früher bei gelegentlichen Verhaftungen von Pfarrern manchmal gedacht, es müsse doch für die Alleinstehenden unter ihnen am leichtesten zu ertragen sein. Damals habe ich nicht gewusst, was in der kalten Luft der Gefangenschaft die Wärme, die von der Liebe einer Frau und einer Familie ausgeht, bedeutet, und wie gerade in solchen Zeiten der Trennung das Gefühl der unbedingten Zusammengehörigkeit noch wächst [...].

Eben kommen Briefe Mamas und Großmutters, für die ich euch sehr danke. Aus den Berichten von Erdbeeren und Himbeeren, von Schulferien und Reiseplänen spüre ich erst, dass es inzwischen wirklich Sommer geworden ist. Hier geht das Leben ziemlich zeitlos dahin. Ich bin froh über die milden Temperaturen. Vor einiger Zeit hatte hier im Hof in einem kleinen Verschlag eine Meise ihr Nest mit 10 Jungen darin; ich habe mich täglich daran gefreut, eines Tages hatte ein roher Kerl alles zerstört, einige Meisen lagen tot auf der Erde – unbegreiflich.

Dietrich Bonhoeffer, an Eberhard Bethge, aus dem Gefängnis,
18. November 1943, DBW 8, S. 189

Dann ging ich an ein kühnes Unternehmen, das mir auch schon lange vorgeschwebt hat; ich begann, die Geschichte einer bürgerlichen Familie unserer Zeit zu schreiben. All die unzähligen Gespräche, die wir in dieser Richtung geführt haben, und alles selbst Erlebte bildeten dafür den Hintergrund, kurz, eine Rehabilitierung des Bürgertums, wie wir es in unseren Familien kennen, und zwar gerade vom Christentum her. Die Kinder zweier befreundeter Familien wachsen allmählich in die verantwortlichen Aufgaben und Ämter einer kleinen Stadt hinein und versuchen gemeinsam den Aufbau des Gemeinwesens, Bürgermeister, Lehrer, Pfarrer, Arzt, Ingenieur. Viele dir bekannte Züge würdest du darin entdecken und du kommst auch darin vor.

Gott allein

Heiliger, barmherziger Gott,
mein Schöpfer und mein Heiland,
mein Richter und mein Erretter,
du kennst mich und alle meine Wege und Tun.
Du hasst und strafst das Böse in dieser und
jener Welt ohne Ansehen der Person,
du vergibst Sünden [dem],
der dich aufrichtig darum bittet,
du liebst das Gute und lohnst es auf dieser
Erde mit getrostem Gewissen
und in der künftigen Welt
mit der Krone der Gerechtigkeit.

Dietrich Bonhoeffer, Weihnachten 1943, DBW 8, S. 206

Vortrag, 26. Juli 1932, DBW 11, S. 335

Das biblische Gesetz, die Bergpredigt, ist die absolute Norm für unser Handeln. Wir haben einfach die Bergpredigt ernst zu nehmen und zu realisieren. Das ist unser Gehorsam gegen das göttliche Gebot. Demgegenüber ist zu sagen: Auch die Bergpredigt darf uns nicht zum gesetzlichen Buchstaben werden. Sie ist in ihren Geboten die Veranschaulichung dessen, was Gottes Gebot sein kann, aber nicht, was es gerade heute und gerade für uns ist. Das kann niemand hören als wir selbst, und das muss uns Gott heute sagen. Das Gebot ist nicht ein für allemal da, sondern es wird immer neu gegeben. So allein sind wir frei vom Gesetz, das sich zwischen uns und Gott stellt, und hören allein auf Gott.

Vortrag, 29. August 1932, DBW 11, S. 351

Nur mit klaren Augen gegen die Wirklichkeit ohne jede Illusion über unsere Moral oder unsere Kultur kann man glauben. Sonst wird unser Glaube zur Illusion. Der Glaubende kann kein Pessimist sein und kann kein Optimist sein. Beides ist Illusion. Der Glaubende sieht die Wirklichkeit nicht in einem bestimmten Licht, sondern er sieht sie, wie sie ist, und glaubt gegen alles und über alles, was er sieht, *allein an Gott* und seine Macht. Er glaubt nicht an die Welt, auch nicht an die entwicklungsfähige und verbesserungsfähige Welt, er glaubt nicht an seine weltverbessernde Kraft und seinen guten Willen, er glaubt nicht an den Menschen, auch nicht an das Gute im Menschen, das doch schließlich siegen müsse, er glaubt auch nicht an die Kirche in ihrer Menschenkraft, sondern der Glaubende glaubt allein an Gott, der das Unmögliche schafft und tut, der aus dem Tod das Leben schafft.

Tagebuch Amerikareise, 1. Juli 1939, DBW 15, S. 237

Es fällt mir ungeheuer schwer, angesichts der heutigen Lage das „Dein Wille geschehe" zu denken und zu beten. Aber es muss sein. Morgen ist Sonntag. Gott lasse sein Wort Gehör finden in aller Welt.

Tagebuch Amerikareise, 3. Juli 1939, DBW 15, S. 238

Ich muss mich in Acht nehmen, dass ich im Bibellesen und Gebet nicht nachlässig werde.

Tagebuch Amerikareise, 20. Juni 1939, DBW 15, S. 229

Am Ende des Tages kann ich nur bitten, dass Gott ein gnadenvolles Gericht üben möge über diesen Tag und alle Entscheidungen. Es ist nun in seiner Hand.

Brief an Mitbrüder, 21. Dezember 1936, DBW 14, S. 258f.

„Er hat alles wohlgemacht." So wollen wir am Ende dieses Jahres sprechen über jede Woche, über jede Stunde, die vergangen ist. So lange wollen wir mit diesem Wort ins Gebet gehen, bis keine Stunde mehr ist, von der wir nicht sagen wollten, „Er hat alles wohlgemacht". Gerade die Tage, die uns schwer waren, die uns gequält und geängstigt haben, Tage, die in uns eine Spur von Bitterkeit zurückgelassen haben, wollen wir heute nicht hinter uns lassen, bevor wir nicht auch von ihnen dankbar und demütig bekennen: „Er hat alles wohlgemacht." Es heißt eben nicht, wir haben alles wohlgemacht. [...] Nein wir haben gar nichts wohlgemacht – aber Er hat alles wohlgemacht. Glaubst du das? Das ist die letzte und erstaunlichste Erkenntnis des Christen, dass er zuletzt auch über seiner Sünde sagen darf: Er hat alles wohlgemacht. Er hat mir auch durch die Sünde hindurchgeholfen, Ihn zu finden.

Vortag, 8. Februar 1929, DBW 10, S. 345

Alle die Beispiele, die wir vorhin herausgriffen, haben uns gezeigt, dass es gilt, sich hineinzustellen in die konkrete Situation und von dort den Blick auf die Ewigkeit zu richten und sich in der Zwiespältigkeit der Lage jedes Mal neu die Entscheidung aus Gottes Willen zu erkämpfen; die Entscheidung mag dann fallen, wie sie will. [...] Nur wer einmal den ganzen Ernst und die ganze Tiefe und Not des Reiches der Welt, des Reiches des Ethischen ausgekostet hat, der sehnt sich heraus, der kennt nur noch den einen Wunsch: Unsere Welt vergehe, dein Reich komme.

Vortrag, 20. Oktober 1936, DBW 14, S. 792

Was heißt Gott lieben? Gott lieben heißt ihm alles geben, was mir gehört, nichts für mich haben wollen; ihn bei allem, was du tust, nach seinem Willen fragen, gern an ihn denken, gern zu ihm beten, gern sein Wort hören und lesen.

Predigt, 21. Februar 1932, DBW 11, S. 399

Keiner von euch, der heute hierhergekommen ist in Trauer, keiner, der wirklich Trost und nicht nur eine Feier- und Gedenkstunde sucht, darf heute allein bleiben. Man kann Trost suchen an den verschiedensten Orten, in der Einsamkeit, in der Natur, in der Arbeit, in der Geselligkeit. Dort überall kann man Trost *suchen*. Trost *finden* aber kann man nur in der Erkenntnis Gottes.

Predigt, undatiert, wohl London 1934, DBW 13, S. 413–418

PREDIGT ZU MARKUS 9,23–24

Markus 9,23–24: Wenn du könntest glauben! Alle Dinge sind möglich dem, der da glaubt. [...] Ich glaube, lieber Herr; hilf meinem Unglauben!

Zu einem Menschen in einer menschlich gesehen hoffnungslosen Lage sagt Jesus dies – wenn du glauben könntest. Dann wäre alles anders in deinem Leben; dann stündest du nicht kleinmütig und verzagt hier; dann wüsstest du, es gibt für dich nichts Unmögliches mehr. Zu einem Vater, dessen Kind – menschlich geredet – unheilbar krank ist und der alles tun will, um seinem Sohn zu helfen, und der doch machtlos dem Unheil zusehen muss. Alle erdenklichen Wege bis [hin] zu den Jüngern Jesu ist der Vater gegangen, bis ihm nur der eine Weg noch bleibt, ein Weg, vor dem ihm schaudert, ein Weg, vor dem jedem Menschen schaudert – wenn er ihn zum ersten Mal geht – der *Weg zu Jesus.*

Warum gehen wir denn alle anderen Wege immer lieber als diesen Weg zu Christus selbst, wenn etwas bei uns nicht stimmt? Warum vermeiden wir es, diesen Weg wirklich zu gehen? Warum schaudern wir vor diesem Weg zurück? Weil wir wissen, dass wir hier Antwort geben müssen auf eine große Frage, und diese Frage heißt: Kannst du glauben? So glauben, dass dein ganzes Leben ein einziges großes Trauen und Wagen auf Gott geworden ist oder werden will, so glauben, dass du nicht rechts und links siehst, sondern auf Gott hin tust, was du tun musst, so glauben, dass du Gott gehorchst? Kannst du glauben? Wenn du glauben könntest, ja, dann wäre die Hilfe schon da. Dann ist dir nichts mehr unmöglich.

Wie oft graust es uns dann vor unserer eigenen Glaubenslosigkeit. Ach, wenn ich nur glauben *könnte!* Am Krankenbett, am Totenbett, am Rand der Verzweiflung an mir und anderen schreit es förmlich in mir auf: Ach, wenn ich nur glauben *könnte!* Aber wenn wir das Leben eines Menschen, der im Glauben lebte und starb, sehen dürfen, wie es mir in diesen Wochen ging, als ich eine ergreifende Darstellung des Lebens des heiligen Franziskus sehen durfte – da werden wir so restlos davon überzeugt, dass dies der einzige Weg wäre, den es der Mühe wert wäre zu gehen, so einfach danach leben, was Christus von uns wollte, unbekümmert um das, was für uns persönlich daraus wird – dann packt es uns unwiderstehlich an: Wenn ich nur glauben könnte – ja, dann wäre wirklich alles in meinem Leben anders. Dann wäre ich frei, dann wäre ich vielleicht sogar irgendwie glücklich, dann gäbe es nichts Unmögliches mehr für mich. „Ich vermag alles durch den, der mich mächtig macht, Christus."

Wir glauben ja an allerlei, wir glauben sogar an viel zu viel – wir glauben an die Macht, wir glauben an uns selbst, wir glauben an andere Menschen, wir glauben an die Menschheit. Wir glauben an unser Volk, wir glauben an unsere Religionsgemeinschaft – wir glauben an neue Ideen – aber wir glauben über dem allem an den Einen nicht – an Gott. Und dieser Glaube an Gott würde uns nämlich den Glauben an alle die anderen Mächte nehmen, unmöglich machen. Wer an Gott glaubt, der glaubt in dieser Welt an nichts [anderes], denn er weiß, es zerbricht und vergeht, aber er braucht auch an nichts „anderes" zu glauben, denn er hat ja den, von dem alles kommt und in dessen Hände alles fällt. Wir kennen die Siege, die ein Mensch erringt, der wirklich an sich selbst glaubt, der an irgendeine Macht oder Idee dieser Erde glaubt, sodass er sich ihr gänzlich ergibt und lebt, er vermag Übermenschliches, Unmögliches – wie viel größere Siege müsste erst der erringen, dessen Glaube nicht nur ein subjektives Phantom, sondern der lebendige Gott selbst ist! Die Wunder Jesu, die Wirkung Jesu, sie waren ja nichts als sein Glaube! *Wir* sollten die sein, die so glauben, und wie beschämt müssen wir auf unser Leben sehen angesichts dessen, was Menschen mit einem Glauben an diese Welt geschafft haben. Ach, wenn wir nur glauben könnten! – Warum können wir nicht glauben? Worin bestehen die Hindernisse? Es gibt darauf ebenso viele Antworten, wie es glaubenslose Menschen gibt. Bei einem soll es der Verstand, beim anderen mangelnde „religiöse Begabung" sein, beim Dritten schwere Erlebnisse seines Lebens, allgemeiner Pessimismus u. s. w. Es gibt genug Gründe, die wir vorschieben, mit denen wir uns entschuldigen können. Daran fehlt es dem Menschen nie, und wenn es ihm an allem anderen fehlte. Aber die *einzig* aufrichtige Antwort auf diese Frage heißt – weil wir im Grunde nicht glauben *wollen.* Ich weiß, wir sind beleidigt, wenn man uns das sagt, wir sagen, wir hätten es wohl hundertmal in unserem Leben versucht zu glauben, und wir wollten es wohl heute auch, aber mit uns sei es nun eben so besonders, dass wir wirklich einfach trotz bestem Willen nicht glauben *könnten.* Es ist nicht wahr, es ist Spiegelfechterei, dies alles, vielleicht uns subjektiv nicht bewusst, aber wahr ist es doch: In allen diesen verzweifelten und krampfhaften Versuchen [zu] glauben, wollten wir ihm gerade nicht glauben, das heißt eben, wir wollten das nicht, was aber zum Glauben zuallererst gehört, nämlich uns selbst gänzlich aufgeben, uns gar nicht mehr sehen, unseren Geltungsdrang völlig töten und Gott allein gelten lassen und ihm so trauen und es auf ihn wagen. Aufgeben, was uns unangenehm war, aber nicht, was uns lieb ist! Glauben heißt *bedingungslos* trauen und wagen, dies wollten wir nicht, wir wollten Bedingungen machen, und darum war alles andere verfehlt und unwahr. *Wir wollten nicht glauben.*

Und wenn nun einer kommt und mit frommen Argumenten beweisen will, dass es eben doch nach der Schrift solche gebe, die Gott dazu vorherbestimmt habe, dass sie nicht glauben könnten, sondern Gefäße zur Unehre sein sollten, so wollen wir antworten: Das ist wohl wahr, aber woher weißt du denn, dass du zu diesen gehörst? Wer hat dir das gesagt? Woher weißt du denn, dass es von dir nicht gerade Schuld ist, dass du dich weigerst zu glauben, wo Gott dich unaufhörlich ruft? Du willst glauben – nun gut, ist denn das nicht Ruf Gottes genug, dass [du] auch glauben sollst und auch glauben kannst, wenn du dich nur auf ihn verlässt? *Wir wollen nicht glauben.*

Aber Jesus sagt: Wenn du könntest glauben. Es liegt etwas Sehnsüchtiges und etwas unendlich Mitleidvolles in diesem Ausruf.

Wenn du dich doch endlich entschlössest, den Schritt zu tun, den du dein ganzes Leben lang tun wolltest und doch nicht tatest, zu glauben; wenn du dich doch ausliefertest, ganz einfach und in allem ganz Persönlichen und ganz Konkreten, und Jesus über dich herrschen ließest.

Alle Dinge sind möglich dem, der da glaubt. Hier ist von einer unheilbaren Krankheit geredet, die durch den Glauben an die Kraft Gottes wirklich soll gebrochen werden können und gebrochen wird. Wir stocken, wir machen Ausflüchte: suggestive Einflüsse, unbewusste Psychotherapie – Christus sagt – nein, dies alles nicht, sondern Glaube und Gott.

Alle Dinge – Menschen, die in geistigen Dingen zu Hause sind, wissen, dass nichts unmöglicher erscheint, als ein geistiges Gesetz, einen geistigen Zwang, der über einem Menschen liegt, zu zerbrechen, den Menschen in eine andere Richtung zu bringen als bisher. Jesus sagt: *Alle Dinge.* Menschen, die ein geistliches Leben führen, wissen, dass wir völlig hoffnungslos gegen unsere Sünde, unsere Selbstsucht, unsere Schwäche ankämpfen, solange wir uns auf uns selbst verlassen, dass nichts verzweifelter ist als der Kampf des Menschen gegen die Sünde. – Jesus sagt: Alle Dinge sind möglich dem, der da glaubt. Der härteste und verstockteste Sünder wird neu, wird frei von aller Angst, allem Krampf, aller bösen Gewohnheit, wo er nur glaubt, das heißt, wo er auf Gott sein Wagen und Trauen setzt. Der trübsinnigste Mensch wird fröhlich, der scheueste Mensch wird offen, der gleichgültigste und laueste Mensch wird erfüllt mit neuer Glut und [neuem] Leben, „wenn du nur glauben könntest".

Alle Dinge sind möglich – Wir denken an so viele Stunden, in denen wir glaubensvoll zu Gott gebetet und gerufen haben, er möge uns helfen, wenn es sein Wille ist – und uns wurde nicht geholfen, jedenfalls nicht so, wie wir erbaten – alle Dinge – ist es auch wahr?

Heißt das nicht fast, dass der Glaube Gott *zwingen* kann? Ja, das heißt es in der Tat! Aber das ist ja das Unerhörte, dass Gott sich von unserem Glauben zwingen lassen *will,* nicht von unserem Klagen und Lamentieren und Sorgen und Seufzen – aber von unserem Glauben. Das scheint gotteslästerlich zu klingen – aber kann es das denn sein[?] Hat denn nicht jeder wirkliche Glaube seine notwendige Grenze an *Gottes Willen,* heißt denn Glaube etwas anderes, als Gottes Willen Raum lassen wollen, über uns, über die Welt, und kann denn ein einziges Ding unmöglich sein, wenn es Gottes Wille ist? Und wissen wir nicht sehr wohl, was Gottes Wille über unser Leben wäre? Wissen wir nicht sehr wohl, was Gottes Wille über unser Volk, über unsere Kirche wäre? Wollen wir nicht endlich im Glauben wagen, Gottes Willen an uns geschehen zu lassen?

Du antwortest: Ich glaube, lieber Herr, hilf meinem Unglauben. Die Verheißung, die Jesus dem Glauben gegeben [hat], reißt den Vater über sich selbst hinaus, zwingt ihm den Glauben ab, Jesus selbst zwingt ihm den Glauben ab – ich glaube, lieber Herr – ich glaube, was du sagst, ich glaube, dass dein Wort und dein Versprechen Wahrheit ist – ich glaube, *wenn ich auf dich sehe,* wenn ich die Worte höre und sehe – aber *wenn ich auf mich selbst sehe* – lieber Herr, *hilf meinem Unglauben.* Da stürmt es gegen mich, da sträubt sich alles in mir gegen solche Verheißung, Vernunft, Geschichte, Welt, Erfahrung. – Hilf meinem Unglauben.

Wir sind nach unserem Glauben gefragt. Wir sind dazu aufgerufen – ach, wenn du könntest glauben! Es ist uns die Verheißung zugesprochen: Alle Dinge sind möglich. – Können wir anders als im *Blick auf solche Worte* antworten: Ich glaube, lieber Herr – und können wir anders, als im Blick auf unsere Natur zu beten – Herr, hilf meinem Unglauben. Aus diesem Zwiespalt kommt kein Mensch heraus. Glaubst du? Ich glaube, hilf meinem Unglauben, der täglich neu auch [da] ist. Wer will sagen, dass er glaubt, angesichts der Anfechtung, die er stündlich erfährt? Herr, wir wollen es auf dein Wort wagen – aber nicht unser Glaube macht es, sondern du allein. Nicht wir, nicht einmal unser Glaube, sondern du – dir ist kein Ding unmöglich. Herr, hilf meinem Unglauben! Amen.

Vortrag beim „Bruderrat" 26. Oktober 1938, DBW 15, S. 412f.

Ich will also den Schriftbeweis als Garantieschein für meinen Weg in der Tasche haben. Eben auch dieses Verlangen wird die Bibel niemals erfüllen, weil sie nicht eine Versicherungsinstitution für unsere Wege sein will, die möglicherweise gefährlich werden können, sondern weil sie nur eins tut: zum Glauben und Gehorsam gegen die einmal erkannte Wahrheit in Jesus Christus zu rufen. Die Schrift beweist keine Wege, sondern sie beweist die Wahrheit Gottes. [...] Der Schriftbeweis erspart uns nicht den Glauben, sondern er führt uns in das Wagnis des Glaubens und Gehorchens auf Gottes Wort hin erst hinein, und er stärkt uns in ihm. [...] Wer aber glaubend die Schrift um Auskunft angeht, dem bleibt sie niemals stumm.

Brief an Rüdiger Schleicher, 8. April 1936, DBW 14, S. 144ff.

Lieber Rüdiger!
Eben kommt dein Brief. Und weil ich mich so darüber gefreut habe, möchte ich gleich wieder schreiben. Dass ich es mit der Maschine tue, ist ein Akt der Nächstenliebe gegen dich! – Ich habe es nicht gewusst, dass du wieder hast liegen müssen. Jetzt, wo man wieder so viel und so leichtsinnig vom Krieg reden hört, trifft einen das ganz besonders. [...]

Nun zur Hauptsache. Wir haben ja schon manches Mal in Fehde miteinander gelegen, und es ist bis jetzt immer wieder ganz gut ausgegangen. So wird das auch diesmal so sein. Es ist ganz gut, wenn man immer wieder daran erinnert wird, dass der Pfarrer es dem rechten „Laien" niemals recht machen kann. Predige ich den Glauben und die Gnade allein (Dreifaltigkeitskirche!), so fragst du: Wo bleibt das christliche Leben? Rede ich von der Bergpredigt (Kolleg!), so fragst du: Wo bleibt das wirkliche Leben? Lege ich ein sehr wirkliches und sündiges Leben eines Mannes der Bibel aus, so fragst du: Wo bleiben die ewigen Wahrheiten? Und aus alledem soll ja wohl nur das eine Anliegen hörbar werden: Wie lebe ich in dieser wirklichen Welt ein christliches Leben, und wo sind die letzten Autoritäten eines solchen Lebens, das sich allein lohnt zu leben?

Ich will da zunächst ganz einfach bekennen: Ich glaube, dass die Bibel allein die Antwort auf alle unsere Fragen ist und dass wir nur anhaltend und etwas demütig zu fragen brauchen, um die Antwort von ihr zu bekommen. Die Bibel kann man nicht einfach lesen wie andere Bücher. Man muss bereit sein, sie wirklich zu fragen. Nur so erschließt sie sich. Nur wenn wir letzte Antwort von ihr erwarten, gibt sie sie uns. Das liegt eben daran, dass in der Bibel Gott zu uns redet. Und über Gott kann man eben nicht so einfach von sich aus nachdenken, sondern man muss ihn fragen. Nur wenn wir ihn suchen, antwortet er. Natürlich kann man die Bibel *auch* lesen wie jedes andere Buch, also unter dem Gesichtspunkt der Textkritik etc. Dagegen ist gar nichts zu sagen. Nur dass das nicht der Gebrauch ist, der das Wesen der Bibel erschließt, sondern nur ihre Oberfläche. Wie wir das Wort eines Menschen, den wir lieb haben, nicht erfassen, indem wir es zuerst zergliedern, sondern wie ein solches Wort einfach von uns hingenommen wird und wie es dann Tage lang in uns nachklingt, einfach als das Wort dieses Menschen, den wir lieben, und wie sich uns in diesem Wort dann immer mehr, je mehr wir es „im Herzen bewegen“ wie Maria, derjenige erschließt, der es uns gesagt hat, so sollen wir mit dem Wort der Bibel umgehen. Nur wenn wir es einmal wagen, uns so auf die Bibel einzulassen, als redete hier wirklich der Gott zu uns, der uns liebt und uns mit unsern Fragen nicht allein lassen will, werden wir an der Bibel froh.

Wir können doch immer nur etwas suchen, was wir schon kennen. Wenn ich nicht weiß, was ich eigentlich suche, suche ich gar nicht wirklich. Also wir müssen schon wissen, welchen Gott wir suchen, ehe wir ihn wirklich suchen. Weiß ich das nicht, so vagabundiere ich nur so herum, und das Suchen wird dann Selbstzweck, und nicht mehr das Finden ist die Hauptsache. Also finden kann ich nur, wenn ich weiß, was ich suche. Nun weiß ich von dem Gott, den ich suche, entweder aus mir selbst, aus meinen Erfahrungen und Einsichten, aus der von mir so oder so gedeuteten Geschichte oder Natur, das heißt eben aus mir selbst – oder aber ich weiß von ihm aufgrund seiner Offenbarung seines eigenen Wortes. Entweder ich bestimme den Ort, an dem ich Gott finden will, oder ich lasse Gott den Ort bestimmen, an dem er gefunden sein will. Bin ich es, der sagt, wo Gott sein soll, so werde ich dort immer einen Gott finden, der mir irgendwie entspricht, gefällig ist, der meinem Wesen zugehörig ist. Ist es aber Gott, der sagt, wo er sein will, dann wird das wohl ein Ort sein, der meinem Wesen zunächst gar nicht entsprechend ist, der mir gar nicht gefällig ist. Dieser Ort aber ist das Kreuz Christi. Und wer ihn dort finden will, der muss mit unter dieses Kreuz, wie es die Bergpredigt fordert. Das entspricht unserer Natur gar nicht, sondern ist ihr völlig zuwider. Dies aber ist die Botschaft der Bibel, nicht nur im Neuen, sondern auch im Alten Testament (Jesaja 53!). Jedenfalls meinten das Jesus und Paulus so: Mit dem Kreuz Jesu wird die Schrift, das heißt das Alte Testament, erfüllt. Die ganze Bibel will also das Wort sein, in dem Gott sich von uns finden lassen will. Kein Ort, der uns angenehm oder a priori einsichtig wäre, sondern ein uns in jeder Weise fremder Ort, der uns ganz und gar zuwider ist. Aber eben der Ort, an dem Gott erwählt hat, uns zu begegnen.

So lese ich nun die Bibel. Ich frage jede Stelle: was sagt Gott hier zu uns? Und ich bitte Gott, dass er uns zeigt, was er sagen will. Also, wir dürfen gar nicht mehr nach allgemeinen, ewigen Wahrheiten suchen, die unserem eigenen „ewigen" Wesen entsprächen und als solche evident zu machen wären. Sondern wir suchen den Willen Gottes, der uns ganz fremd und zuwider ist, dessen Wege nicht unsere Wege und dessen Gedanken nicht unsere Gedanken sind, der sich uns verbirgt unter dem Zeichen des Kreuzes, an dem alle unsere Wege und Gedanken ein Ende haben. Gott ist etwas ganz anderes als die sogenannte *ewige* Wahrheit. Das ist immer noch *unsere* selbsterdachte und gewünschte Ewigkeit. Gottes Wort aber fängt damit an, dass er uns am Kreuz Jesu zeigt, wohin alle unsere Wege und Gedanken, auch die sogenannten ewigen, führen, nämlich in den Tod und in das Gericht vor Gott.

Ist es dir nun von dort aus irgendwie verständlich, wenn ich die Bibel als dieses fremde Wort Gottes an keinem Punkt preisgeben will, dass ich vielmehr mit allen Kräften danach frage, was Gott hier zu uns sagen will. Jeder andere Ort außer der Bibel ist mir zu ungewiss geworden. Ich fürchte dort nur auf einen göttlichen Doppelgänger von mir selbst zu stoßen. Ist es dir dann auch irgendwie begreiflich, dass ich lieber bereit bin zu einem sacrificium intellectus[2] – eben in diesen Dingen und nur in diesen Dingen, das heißt im Blick auf den wahrhaftigen Gott! Und wer brächte da eigentlich nicht an irgendeiner Stelle auch sein sacrificium intellectus?? – das heißt also zu dem Eingeständnis, diese oder jene Stelle der Schrift noch nicht zu verstehen, in der Gewissheit, dass auch sie sich eines Tages als Gottes eigenes Wort offenbaren wird, dass ich das lieber tue, als nun nach eignem Gutdünken zu sagen: Das ist göttlich, das ist menschlich!?

Und ich will dir nun auch noch ganz persönlich sagen: Seit ich gelernt habe, die Bibel so zu lesen – und das ist noch gar nicht so lange her –, wird sie mir täglich wunderbarer. Ich lese morgens und abends darin, oft auch noch über Tag, und jeden Tag nehme ich mir einen Text, den ich für die ganze Woche habe, vor und versuche mich ganz in ihn zu versenken, um ihn wirklich zu hören. Ich weiß, dass ich ohne das nicht mehr richtig leben könnte. Auch erst recht nicht glauben. Es gehen mir auch täglich mehr Rätsel auf; es ist eben immer noch ganz die Oberfläche, an der wir kleben. Als ich jetzt in Hildesheim wieder etwas mittelalterliche Kunst gesehen habe, ging mir auf, wie viel mehr die damals von der Bibel verstanden haben. Und dass unsere Väter in ihren Glaubenskämpfen nichts gehabt haben und haben wollten als die Bibel, und dass sie durch sie unabhängig und fest geworden sind zu einem wirklichen Leben im Glauben, das ist doch auch etwas,

2 Wörtlich: Opfer des Verstandes, das heißt Hintanstellen des eigenen Denkens.

das zu denken gibt. Es wäre glaube ich sehr oberflächlich, wenn man sagte, es sei seither eben alles ganz anders geworden. Die Menschen und ihre Nöte sind gewiss die gleichen geblieben. Und die Bibel antwortet auf sie heute nicht weniger als damals. Es mag sein, dass das eine sehr primitive Sache ist. Aber du glaubst gar nicht, wie froh man ist, wenn man von den Holzwegen so mancher Theologie wieder zurückgefunden hat zu diesen primitiven Sachen. Und ich glaube, in Sachen des Glaubens sind wir allezeit gleich primitiv.

In ein paar Tagen ist Ostern. Ich freu mich sehr darauf. Aber glaubst du denn, dass einer von uns von sich auch diese unmöglichen Dinge, die da berichtet sind in den Evangelien, glauben könnte und wollte, wenn nicht die Bibel ihn hielte? Einfach das Wort, als Gottes Wahrheit, für die Er sich verbürgt. Auferstehung – das ist doch nicht ein in sich einsichtiger Gedanke, eine ewige Wahrheit. Ich meine es natürlich so, wie es die Bibel meint – als Auferstehung vom wirklichen Tod (nicht vom Schlaf) zum wirklichen Leben, von der Gottferne und Gottlosigkeit zum neuen Leben mit Christus in Gott. Gott hat gesagt – und wir wissen es durch die Bibel: Siehe ich mache alles neu. Das hat er wahr gemacht an Ostern. Müsste uns diese Botschaft nicht noch viel unmöglicher, ferner, abwegiger erscheinen als die ganze Geschichte vom König David, die demgegenüber doch fast harmlos ist?

Es bleibt also nichts als die Entscheidung, ob wir dem Wort der Bibel trauen wollen oder nicht, ob wir uns von ihm helfen lassen wollen, wie von keinem andern Wort im Leben und im Sterben. Und ich glaube, wir werden erst dann recht froh und ruhig werden können, wenn wir diese Entscheidung getroffen haben.

So, verzeih, das ist eine sehr lange Epistel geworden. Und ich weiß nicht, ob ich so schreiben sollte. Aber ich glaube doch. Und ich freue mich so, dass wir einmal einen solchen Brief gewechselt haben.

Es bleibt uns ja hier nichts anderes als dass wir uns immer wieder fragen und sagen, was wir gefunden zu haben meinen. Ob wir ein Recht haben, so zu reden, wie ich jetzt zu dir geredet habe, wird sich erst bei der Probe aufs Exempel zeigen. Und ich glaube, dass wir die noch hier werden ablegen müssen.

Mit allen guten Wünschen und treuen Grüßen euch allen dein Dietrich.

Predigt Berlin, 29. Mai 1932, DBW 11, S. 426ff.

PREDIGT ZU LUKAS 16,19–31

Man kann das Evangelium gar nicht handgreiflich genug verstehen und predigen. Eine rechte evangelische Predigt muss so sein, als ob man einem Kind einen schönen roten Apfel hinhält oder einem Durstigen ein Glas frisches Wasser und dann fragt: Willst du? So müssten wir von den Dingen unseres Glaubens reden können, dass die Hände sich danach ausstrecken, schneller als wir sie füllen können. So müssten die Menschen laufen und keine Ruhe haben, wenn vom Evangelium geredet wird, wie die Kranken einst zu dem umherziehenden heilenden Christus liefen, um sich heilen zu lassen (Aber auch Christus hat mehr geheilt als bekehrt.). Das ist doch wirklich keine Phrase. Sollte es nicht wirklich dort so sein, wo von der frohen Botschaft Gottes geredet wird? Aber es ist eben nicht so – das wissen wir alle.

Dabei darf man sich doch aber nicht beruhigen, als müsse das so sein. Sondern es kann doch im Grunde nur eines geben, nämlich dass man sich immer von Neuem wieder fragt, warum das so sei. Und hier ist einer – freilich nur einer – der Gründe der, dass wir uns einfach scheuen, das Evangelium so handgreiflich, so lebensnah zu nehmen, wie es ist. Wir haben das Evangelium vergeistigt, und d. h., wir haben es entlastet, verändert. Nehmt einmal unser Evangelium vom reichen Mann und vom armen Lazarus. Da ist es üblich geworden, den ganzen Sinn der Geschichte darin zu sehen, dass die Reichen den Armen helfen sollen. D. h., man macht aus ihr eine moralische Beispielerzählung. Und dabei ist gerade diese Geschichte, wenn man sie einmal ganz ursprünglich auf sich wirken lässt, etwas ganz anderes als dies, nämlich eine ganz handgreifliche Verkündigung der frohen Botschaft selbst. Freilich so handgreiflich, so massiv, dass wir sie schon gar nicht mehr ernst nehmen.

Denken wir uns, wie sich eine Menge von Kranken, Armen, Elenden, von armen Lazarussen um Christus versammelte und dieser nun zu erzählen begann vom armen, aussätzigen Lazarus vor der Schwelle des reichen Mannes, den sogar die Hunde noch quälten. Und wenn sich dann die Geschichte wendete bei den Worten: „Es begab sich aber, dass der Arme starb und ward getragen von den Engeln in Abrahams Schoß. Lazarus hat Böses empfangen in seinem Leben, nun aber wird er getröstet." Da mögen Schreie der Freude und der Hoffnung durch die Menge gegangen sein. Das war die frohe Botschaft, das war das frische Wasser, nach dem man gierig griff. Das war die Liebe Gottes selbst, die so zu den Armen und Elenden redete. Ihr Verstoßenen, ihr Benachteiligten, ihr Armen und Kranken, ihr Verachteten sollt getröstet werden. Ihr habt viel Leiden in der Welt, aber es soll nach Kurzem ewige Freude und ewiger Trost über euch kommen. Seht auf den armen Lazarus, wie er verachtet vor der Schwelle des Reichen liegt, und dann seht auf ihn, wie er in Abrahams Schoß Gottes Trost empfängt. Selig seid ihr, ihr Armen, denn das Reich Gottes ist euer. Selig seid ihr, die ihr hier unten hungert, denn ihr werdet satt werden. Selig seid ihr, die ihr hier weint, denn ihr werdet lachen. Freuet euch und hüpfet, denn euer Lohn im Himmel ist groß. So heißen die Seligpreisungen bei Lukas. Nichts von geistlich Armen, nichts vom Hungern nach der Gerechtigkeit ist hier gesagt, sondern selig seid ihr Armen, ihr Hungernden, ihr Weinenden, wie wir euch in der Welt kennen. Selig seid ihr Lazarusse aller Zeiten, denn in Abrahams Schoß werdet ihr getröstet. Selig ihr Ausgestoßenen und Geächteten, ihr Opfer der Gesellschaft, ihr Männer und Frauen ohne Arbeit, ihr Zusammengebrochenen und Ruinierten, ihr Vereinsamten und Verlassenen, Vergewaltigten und Unrecht Leidenden, ihr Leidenden an Leib und Seele; selig seid ihr, denn Gottes Freude wird über euch kommen und ewig über [eurem] Haupte sein. Das ist das Evangelium, die frohe Botschaft von dem Anbrechen der neuen Welt, der neuen Ordnung, die die Welt Gottes und die Ordnung Gottes ist. Die Tauben hören, die Blinden sehen, die Lahmen gehen und den Armen wird das Evangelium gepredigt.

Und bevor wir uns mit Zwischenfragen unterbrechen, hören wir noch die andere, die furchtbare Gegenseite. Da ist der reiche Mann, der sich in Purpur und köstliche Leinwand kleidete. Von ihm heißt es: „Der Reiche aber starb auch und ward begraben." Das klingt schon sehr hart. Und nun muss er in der Hölle die Qual des ewigen Durstes erleiden, weil er satt und voll war auf der Erde. Er muss den armen Lazarus im Schoß Abrahams sehen und darum flehen, dass dieser ihm nur für einen Augenblick seinen Durst lösche. Aber auch das geht nicht an. „Gedenke, Sohn, dass du dein Gutes empfangen hast in deinem Leben." Und dahinter hören wir die Worte: Weh euch, die ihr voll seid, denn euch wird hungern. Weh euch, die ihr hier lacht, denn ihr werdet weinen und heulen. Weh euch, die ihr euch in Purpur kleidet und herrlich und in Freuden lebt, denn ihr sollt ewigen Durst haben.

Selig armer, ausgestoßener, aussätziger Lazarus gestern und heute, denn du hast einen Gott. Weh [dir], der du herrlich und in Freuden und in Ansehen lebst, gestern und heute. Das [ist] die handgreiflichst gepredigte frohe Botschaft Gottes für die Armen.

Aber nun müssen wir erst eine Reihe von empörten Entgegnungen über uns ergehen lassen, ehe wir weitergehen.

Da sind in unserer Mitte immer solche, die besser wissen, was das Neue Testament sagen darf und was nicht, als das Neue Testament selbst. Das, was wir hier eben gesagt haben, ist ja eine grobe, fürs rohe Volk zugeschnittene Auslegung des Neuen Testaments. Darum könne es sich doch nicht handeln. Man müsse doch das, was im Neuen Testament wirklich so ähnlich klingt, wie wir es gesagt haben, vergeistigen. Wir nennen das „sublimieren", d. h. verfeinern, erhöhen, vergeistigen, moralisieren. Es seien doch nicht einfach die äußerlich Armen, die selig gepriesen, und die äußerlich Reichen, die verdammt würden. Sondern die Hauptsache sei doch immer, wie man sich zu seiner Armut und zu seinem Reichtum einstelle. Auf das Äußere kommt es dabei überhaupt nicht an, sondern auf die Gesinnung: Reich in Gott, [beziehungsweise] arm in Gott ...

Das Gefährliche an diesem Einwand ist, dass er zwar etwas Wahres enthält, aber doch im Grunde nur dazu dienen soll, uns selbst zu entschuldigen. Es ist ja so furchtbar leicht, sich von allen sogenannten Äußerlichkeiten auf die Gesinnung zurückzuziehen, äußerlich reich, aber in der sogenannten Gesinnung arm zu sein. Es ist so furchtbar leicht zu sagen, es sei robust, das Evangelium so zu verstehen, als gehe es darin um äußere Armut und Reichtum, während es doch darauf gerade nicht ankomme, sondern allein auf das Innere. Bitte, wo steht denn in der Geschichte vom armen Lazarus etwas von seinem Inneren? Wer sagt uns, dass er ein Mann gewesen sei, der sich zu seiner Armut innerlich recht gestellt habe? Im Gegenteil, er mag ein recht aufdringlicher Armer gewesen sein, sich dem Reichen vor die Schwelle zu legen und nicht wegzugehen. Wer sagt uns etwas über die Seele des Reichen? Das ist ja gerade das erschreckende an der Geschichte, dass hier überhaupt nicht moralisiert wird, sondern einfach von arm und von reich geredet wird und von der Verheißung und der Drohung über das eine und das andere. Hier sind diese Äußerlichkeiten offenbar durchaus nicht als Äußerlichkeiten, sondern ganz ungeheuer ernst genommen. Warum hat denn Christus die Kranken und Elenden geheilt, wenn es ihm auf solche Äußerlichkeiten nicht angekommen wäre? Warum ist Reich Gottes gleich: Taube hören, Blinde sehen? ... Und woher nehmen wir die wahnsinnige Überheblichkeit, diese Dinge, die Christus sehr handgreiflich gesehen und getan hat, zu vergeistigen?

Wir müssen ein Ende machen mit dieser unverfrorenen, scheinheiligen Vergeistigung des Evangeliums. Nehmt es, wie es ist, oder hasst es aufrichtig! Und dieser Hass ist nicht ausgeblieben, eben weil man das Evangelium so ehrlich nahm, wie es war. Er kommt von zwei verschiedenen Seiten.

Was geht uns ein Evangelium an, das für die Schwächlinge, die Unedlen, die Armen und Kranken gebracht ist? Wir sind Männer, gesund und stark. Wir verachten die Masse der Lazarusse. Wir verachten dies Armenevangelium. Es verdirbt unseren Stolz, unsere Rasse, unsere Kraft. Wir sind reich, aber mit Stolz. Das ist gewiss ehrlich geredet. Aber es ist auch unendlich leichtsinnig geredet und zugleich so voller Illusionen. Es ist ja so leicht, die Masse der Lazarusse zu verachten. Aber wenn dir nur ein Einziger wirklich gegenübertritt, der arbeitslose Lazarus, der verunglückte Lazarus, der durch deine Schuld ruinierte Lazarus, dein eigenes bittendes Kind als Lazarus, die ratlose und verzweifelte Mutter, der zum Verbrecher gewordene Lazarus, der gottlose Lazarus, kannst du einem dieser Einzelnen gegenübertreten und ihm sagen: Ich verachte dich, Lazarus. Ich verhöhne die Botschaft, die dich froh macht? Kannst du das wirklich? Und wenn du es nicht kannst, warum tust du dann erst so, als sei es etwas Großes, dies zu können?

Oder aber sollte es nicht vielleicht selbst schon eine Verhöhnung sein, diejenigen, die hier in Elend und Jammer leben, auf eine bessere Zukunft in einer anderen Welt zu [ver]trösten? Klingt es nicht fast so, als ob man diese Unglücklichen damit nur davon abhalten will, sich hier gegen ihr Geschick aufzulehnen? Als ob man sie selig preist, nur damit sie ruhig bleiben, wie sie sind, und die anderen nicht belästigen? Ist es nicht geradezu zynisch, wenn man vom himmlischen Trost redet, weil man irdischen Trost nicht geben will? Ist dies Evangelium an die Armen nicht im Grunde Volksbetrug und Volksverdummung? Zeigt es nicht, dass man im Grunde das Elend gar nicht ernst nimmt, sondern sich zynisch hinter frommen Phrasen verbirgt? Ach, unzählige Male ist es so geschehen – wer wollte dies leugnen – bis in unsere Gegenwart hinein. Und Millionen sind darum dem Evangelium entfremdet worden! Aber ein Blick auf die Evangelien schon zeigt uns, was hier anders ist. Jesus preist die Armen selig; aber er heilt sie doch auch, schon hier. Ja, das Reich Gottes ist da, denn die Blinden sehen und die Lahmen gehen. So ernst nimmt er das Elend, dass er es im Augenblick schon zerstören muss. Die Gewalt der Dämonen muss gebrochen werden, wo Christus ist. Darum heilt er und darum sagt er zu seinen Jüngern: So ihr Glauben habt, werdet ihr größere Werke vollbringen denn ich. Noch ist das Reich Gottes im Anbruch. Wie Wetterleuchten sind die Taten der Heilungen, [wie] Blitze aus der neuen Welt. Aber nun wird die frohe Botschaft umso gewaltiger. Selig seid ihr, die ihr weint, denn ihr werdet lachen, die ihr hungert, denn ihr werdet satt werden. Kein zynisches Vertrösten, sondern die eine große Hoffnung: Die neue Welt, die frohe Botschaft, der barmherzige Gott, Lazarus in Abrahams Schoß, die Armen und Ausgestoßenen bei Gott – jawohl, das mag furchtbar naiv und handgreiflich [klingen]. Aber wenn es doch wahr wäre? Wenn es doch wahr *ist?* Ist es dann auch noch naiv? Ist es dann auch noch ungeistig? Müssen wir dann nicht gerade unsere Ohren aufmachen und hören und wieder hören von dem unerhörten Geschehen, dass Lazarus – gestern und heute – von Engeln in Abrahams Schoß getragen wird? Und dass der Satte, der Volle, der herrlich und in Freuden lebt, der reiche Mann ewigen Durst leiden muss?

Wir haben bis jetzt von den beiden so geredet, als hätten sie eigentlich nichts miteinander zu tun. Das ist offenbar nicht so. Lazarus liegt vor der Schwelle des Reichen und erst die Armut des Lazarus macht den Reichen reich, wie der Reichtum des anderen den Lazarus arm macht. Es ist nicht gesagt, was der Reiche, und nicht, was der Arme getan haben oder auch nur hätten tun sollen, sondern das einzige gemeinsame Ereignis, das sie beide gleichmäßig betrifft, ist ihr Tod. Das ist das sonderbare Licht, unter das diese beiden Männer hier rücken, sie müssen beide sterben und es erwartet sie beide ein anderes Leben. Und diese Tatsache bindet sie näher aneinander als jedes moralische Gesetz, dass ein Reicher dem Armen helfen solle. Sie gehören ja im Grunde beide schon zusammen durch das gemeinsame Geschick, das ihnen beiden bevorsteht. Im Tode ist der Reiche nicht mehr reich und der Arme nicht mehr arm. Da sind sie eins und gleich. Und nach dem Tode geht ein Neues an, über das alle Mächte der Todeswelt keine

Gewalt mehr haben. Dies offenbar aber ist es, was der reiche Mann nicht gesehen hat, dass seine ganze Welt [eine] Todeswelt ist und dahin muss und Gott ausgeliefert ist. Dass ihn Lazarus darum etwas angeht, weil sie beide sterben müssen und in einer anderen Welt leben sollen, weil sie Brüder des Todes und des Gerichtes sind. Das hat er nicht gesehen, dass hinter ihm und hinter Lazarus Unendlichkeiten, Ewigkeiten stehen, hier stumm, unsichtbar, verborgen unter der Hülle des Purpurs und des nackten Leibes des Lazarus, aber dass sie da sind und warten und wirklich werden. Und an dem Ernst dessen, was hier unter Ewigkeit gemeint ist, lässt wohl die Unterredung des dürstenden reichen Mannes und des Abraham keinen Zweifel.

Es soll nun aber auch grundsätzlich keine weitere Sichtbarmachung dieser Ewigkeit in der Welt stattfinden, wie sie der Reiche für seine Brüder erbittet, als sie in Mose und den Propheten, wir sagen heute in der Predigt der Kirche, gegeben sind. Sie haben in ihrer Todeswelt Mose und die Propheten, lasst sie die hören. Die Worte vom ewigen Gebot Gottes und der Schwachheit und dem Elend des Menschen, der sterben muss; von der Gnade Gottes über die Demütigen und seinem Gericht über die Starken; die Worte vom Kreuz des Christus zum Heil den Armen und Verlorenen, zum Fluch den Satten und Gerechten – lasst sie die hören und sie daran erinnern, dass sie alle mit Lazarus in derselben Todeswelt leben und hören sie die nicht, so werden sie auch nicht hören, ob einer von den Toten auferstünde. Sie werden selbst über diese sichtbarste Durchbrechung ihrer Todeswelt nicht erschrecken und nicht einsichtig werden. Sie werden sich dagegen wehren. Sie werden nicht wissen, dass der Lazarus vor der Tür ein ewiger Lazarus ist, und sie werden an der Ewigkeit, die ihnen in Lazarus begegnet, vorübergehen.

Und nun zuletzt: Wer ist Lazarus? Wer ist der reiche Mann? Und schließlich, was soll der reiche Mann denn tun?

Wer ist Lazarus? Du weißt es selbst: Dein ärmerer, äußerlich und innerlich nicht mit dem Leben fertig werdender, oft törichter, oft unverschämter, oft aufdringlicher, oft gottloser, aber doch unendlich bedürftiger und – ob wissend oder nicht – leidender Bruder, der die Brosamen von deinem Tisch begehrt. Du meinst vielleicht etwas wehleidig, du selbst seist Lazarus. Gott allein weiß es, ob du es bist. Du aber frage immer wieder, ob du nicht vielleicht doch gar der reiche Mann bist. Wer ist Lazarus? Immer der andere, der dir in tausend verächtlichen Gestalten begegnende gekreuzigte Christus selbst. Ja, er ist der ewige Lazarus selbst.

Und nun muss noch einmal gefragt werden: Wer ist Lazarus? Und hier muss ganz am Ende in aller Bescheidung doch der letzten Möglichkeit gedacht [werden], am Rande aller menschlichen und göttlichen Möglichkeiten: Wir alle sind Lazarus vor Gott. Auch der reiche Mann ist Lazarus. Er ist der arme Aussätzige vor Gott. Und erst, wenn wir wissen, dass wir alle Lazarus sind, weil wir alle von der Gnade Gottes leben, sehen wir im Bruder den Lazarus.

Wer ist der reiche Mann? Unsere Geschichte antwortet auf diese Frage nicht. Gewiss, wir sind nicht reich. Wir sind nicht voll und satt. Wir leben nicht herrlich und in Freuden. Wirklich nicht? Ist das dein Ernst? Auch noch, wenn dir Lazarus begegnet? Oder begegnet er dir nicht? Sind wir wirklich nicht der reiche Mann? Eine andere Geschichte gibt uns die Antwort hierauf. Die Geschichte vom reichen Jüngling, der sehr fromm und sehr gerecht war, aber der traurig wurde, als er von seinen Gütern lassen sollte, und davon ging. Das ist der reiche Mann. Und wir?

Und nun: Was soll der reiche Mann tun? Die Antwort auf diese Frage steht in der Geschichte vom barmherzigen Samariter. In unserer Geschichte steht nichts als dies: Sehen soll der reiche Mann, dass hinter ihm und Lazarus der Tod steht, und dass hinter Lazarus Gott selbst, Christus steht und die ewige frohe Botschaft. Sehen sollen wir. Sehen den armen Lazarus in seiner ganzen abschreckenden Jämmerlichkeit und dahinter den Christus, der ihn zu seinem Mahl geladen hat und ihn selig preist. Lass dich sehen, armer Lazarus, lass dich sehen, Christus im armen Lazarus. Ach, dass wir sehend werden möchten. Amen.

Sich an Christus klammern

Herr Jesus Christus,
Du warst arm und elend, gefangen und verlassen wie ich.
Du kennst alle Not der Menschen,
du bleibst bei mir, wenn kein Mensch mir beisteht
du vergisst mich nicht und suchst mich,
du willst, dass ich dich erkenne und mich zu dir kehre.
Herr, ich höhe deinen Ruf und folge.
Hilf mir!

Dietrich Bonhoeffer, Weihnachten 1943, DBW 8, S. 205

Brief an die Mitbrüder, 26. Oktober 1938, DBW 15, S. 411

Christus ist *der* Weg. Er ist auch unser Weg. Es gibt streng genommen wirklich keinen anderen Weg. An der Mannigfaltigkeit menschlicher Wege und Ziele hat die Schrift kein Interesse. In diesem Weg Jesus Christus uns finden lassen, das ist unser Weg.

Brief an Eberhard Bethge, 25. Juni 1942, DBW 16, S. 325

Aber ich spüre, wie in mir der Widerstand gegen alles „Religiöse" wächst. Oft bis zu einem instinktiven Abscheu – was sicher auch nicht gut ist. Ich bin keine religiöse Natur. Aber an Gott, an Christus muss ich immerfort denken, an Echtheit, an Leben, an Freiheit und Barmherzigkeit liegt mir sehr viel. Nur sind mir die religiösen Einkleidungen so unbehaglich.

Brief an Martin Niemöller, 4. Dezember 1935, DBW 14, S. 103f.

Noch sind wir trotz des großen Ernstes sehr vergnügt und getrost. Im Übrigen halten wir es aber doch mit dem schönen Lied von Matthias Claudius „Ich danke Gott und freue mich ...":

„Und all das Geld und all das Gut
gewährt zwar viele Sachen;
Gesundheit, Schlaf und guten Muth
Kann's aber doch nicht machen.
Gott gebe mir nur jeden Tag,
Soviel ich darf zum Leben.
Er gibt's dem Sperling auf dem Dach;
Wie soll er's mir nicht geben."

Brief an Familie Beckmann, 31. Oktober 1937, DBW 14, S. 301

Gottfried weiß, worum es geht, er weiß auch, an wen er sich in Stunden der Not zu halten hat. Er wird aus dieser Zeit für sein Amt großen Gewinn ziehen. Sein Gebet aber wird sein, dass auch Sie alles in Gottes Hand legen und dankbar werden für alles, was Gott an Ihnen und an Seiner Kirche tut.

Brief an Mitbrüder, 20. Dezember 1937, DBW 15, S. 18

Jesus ist geboren. Er ist unser Helfer. Er allein. Hier ist Gottes Hilfe für Menschen in Versuchung und Not. Ist uns diese Hilfe nicht genug? Wollen wir ungeduldig werden? Lasst uns allen Versuchungen mit dem freudigen Bekenntnis begegnen: Wir rühmen, dass Du uns hilfst. Wir entfalten unsere Fahne zum Kampf. Auf ihr steht: Jesus, der Helfer.

Zur Arbeit an der Ethik. Die Geschichte und das Gute (Erste Fassung), DBW 6, S. 230

Christusgemäßes Handeln entspringt nicht aus irgendeinem ethischen Grundsatz, sondern an der Person Jesu Christi selbst. Weil in ihm aber alles Wirkliche zusammengefasst ist, darum ist er der Ursprung alles wirklichkeitsgemäßen Handelns überhaupt. Jesus Christus ist der verantwortlich Lebende schlechthin.

Aus einem Dramenfragment 1943, Heinrich an Christoph, das Alter Ego Bonhoeffers, DBW 7, S. 70

Auf den Boden unter den Füßen kommt es an, wenn man leben will – und diesen Boden haben wir nicht; darum werden wir hin- und hergeblasen, wie gerade der Sturm steht; darum haben wir nichts, wofür wir uns den Kopf abschlagen lassen können und wollen, darum hängen wir an unserem Jammerleben, nicht weil wir es lieben, sondern weil es das Einzige ist, was wir haben, – und wenn dir dann noch der Tod in Gestalt eines Granatsplitters in der Brust steckt und dich täglich angrinst – und du weißt nicht, wofür du noch lebst oder wofür du stirbst – ja dann ist es ein Wunder, wenn du nicht rasend wirst vor Lebensgier und vor Verzweiflung, vor Hass gegen alles, was lebt, und vor Durst nach wildem Genuss. Gib mir Boden unter den Füßen, gib mir den archimedischen Punkt, auf dem ich stehen kann – und alles wäre anders.

Predigt Berlin, 12. Juni 1932, DBW 11, S. 435–443

PREDIGT ZU KOLOSSER 3,1–4

Liebe Gemeinde, das ist freilich eine äußerst befremdliche Art, mit einem Menschen ein Gespräch zu beginnen: So du nun mit Christus auferstanden bist, so tue das und das. Wir sind getauft. Wir sind konfirmiert. Es gab Zeiten, da es uns gelüstete, die Bibel zu öffnen. Wir interessieren uns für mancherlei religiöse Fragen. Wir halten vielleicht sogar mit Liebe und Treue zu unserer Kirche. Und [am] Ende aller Enden: Wir leben in einer Welt, die seit anderthalb bis zwei Jahrtausenden unter dem Namen Jesu Christi als eine christliche Welt sich entfaltet hat. Und dennoch: Wollte irgendeiner mit uns ein Gespräch so beginnen, dass er uns einfach daraufhin anredet, wir seien nun mit Christus auferstanden, dann würden wir es wohl vorziehen, auf das weitere Gespräch mit ihm zu verzichten. Wir sähen, wie er bewegt wäre. Wir sähen, wie er erregt wäre. Wir sähen, wie glühend ernst es ihm wäre mit dem, was er uns sonst noch zu sagen hätte. Aber vor dieser Voraussetzung, die er da machte, von der er um keinen Preis lassen möchte; vor dieser Bedingung, die er meint, stellen zu müssen, damit wir überhaupt erst befähigt wären, all das zu hören und zu verstehen, was er uns sonst noch anvertrauen möchte; ja, vor dieser

Voraussetzung und dieser Bedingung, dass wir nun also mit Christus auferstanden seien, vor dieser Anrede würden wir uns verschließen, würden erstaunt und befremdet uns abwenden. Wir würden den Kopf schütteln über einen solchen Menschen.

Eigentlich müsste uns diese Anrede überfallen wie ein Gericht. *Eigentlich* müsste das eine Wort so gewaltig, so erhaben, so groß auf uns hereinbrechen, dass wir in Furcht und Zittern davor erblassen: Denn *dieser* Glanz, diese Herrlichkeit, mit Christus auferstanden zu sein, kommt uns doch wahrhaftig nicht zu, ist an unserem Leben doch auch mit dem besten Willen und mit dem schärfsten Blick nirgends zu entdecken. Stattdessen aber wenden wir uns ab, erstaunt und befremdet. Stattdessen schütteln wir den Kopf. Stattdessen ist uns Getauften und konfirmierten Christen bei dieser Anrede zumute, als ob der Vertreter irgendeines mysteriösen Geheimbundes mit seinem schrullenhaften Kennwort an uns heranträte. Darüber dürfen wir uns gar keine Illusionen machen: Diese Anrede „ihr seid nun mit Christus auferstanden", die ist gründlich und hoffnungslos an uns Christen vorbeigeredet. Diese Anrede haben wir längst in die Sekten verbannt (und verwundern uns dann noch darüber, dass es Sekten gibt). Diese Anrede haben wir längst als veraltet und verstaubt dahinten gelassen, um uns mit scheinbar Wichtigerem, Nützlicherem, Interessanterem, ja wohl auch Christlicherem zu beschäftigen.

Was soll uns auch das, dass wir mit Christus auferstanden sind? Es ist uns unverständlich. Es ist uns töricht. Es ist uns völlig uninteressant. Es ist uns völlig untauglich zu Beginn eines Gespräches. Es ist uns völlig untauglich zu Beginn unserer Arbeitstage, zu Beginn unserer Pläne, die wir ins Auge fassen, zu Beginn großer Entscheidungen, die wir fällen müssen. Es ist uns völlig untauglich in den Beziehungen, die wir untereinander pflegen. Was soll der Lehrer dem Schüler gegenüber, was soll der Freund dem Freunde gegenüber, die Frau dem Manne und der Vater dem Sohn gegenüber mit dieser Gewissheit, dass sie alle miteinander auferstanden seien in Christo? Wenn wir uns diese Gedanken noch bieten lassen, dann nur als das krönende Ende einer geistvollen Abhandlung.

Wenn uns dieser Gedanke noch etwas zu sagen vermag, dann nur in den Stunden, die weit hinter der Arbeit liegen, die weit entrückt sind von aller Aktualität unserer Entscheidungen; gehobene fromme Stunden, denen wir aber nur sehr spärliche Rechte einräumen, unser übriges Leben zu beeinflussen. Und wie sollte es sich auch beeinflussen lassen von dieser rätselhaften und missverständlichen Behauptung, dass wir mit Christus auferstanden seien?

Liebe Freunde, wir haben unter der Hand gleichsam und wie durch Zufall die ganze Krise unserer Christlichkeit aufgerollt. Denn nicht wahr, das muss doch schon bei der ersten oberflächlichsten Überlegung unausweichlich klar werden: Wenn es eine Zeit gab, wenn es ein Christentum gab, da man solches glaubte, da man sich mit solch ungeheuren Gedanken abgab; dass einer dem andern begegnen konnte, ihn anreden konnte, mit ihm gar ein Geschäft abschließen konnte, immerzu mit jener Gewissheit, dass sie ja beide in Christo auferstanden seien – dann bedeutet unsere Zeit, unser Christentum, unser Glaube eine ungeheure Verarmung. Dann haben wir riesenhafte Verluste erlitten. Denn einmal verstehen wir es ja nicht mehr von ferne, was das überhaupt heißen soll: dass wir alle miteinander in Christo auferstanden seien. Wir stehen *so* dürftig, *so* ahnungslos vor dieser apostolischen Beteuerung, dass wir aus lauter Verlegenheit glauben, das müsse eine schrullenhafte Eigenbrötlerei des Apostels sein und die könnten wir zu Recht den Eigenbrötlern überlassen, den Sektenleuten. Und sodann ist uns völlig unbegreiflich, wie sich eine solche Gewissheit, wir seien mit Christus auferstanden, gar noch im Leben auswirken sollte. Wenn wir in Not sind, in Fragen der Politik und der Wirtschaft, in Fragen der Erziehung unserer Kinder, in Fragen des ehelichen Zusammenlebens, wenn wir in Unklarheit sind darüber, in welchen Formen und nach welchen Zielen wir unser ganzes Leben gestalten sollten: Würde es da einem Einzigen unter uns, ob wir die Frager sind oder die, die Antwort geben sollten, einfallen, als ersten Satz der Überlegung einmal dieses mit aller Bestimmtheit festzulegen: Wir sind alle miteinander auferstanden in Christus? Ihr Völker hüben und drüben – ihr seid auferstanden in Christus? Ihr Finanzmänner, ihr, die ihr die Milliarden der Welt und damit die Ersparnisse der Kleinen und Kleinsten verwaltet – ihr seid auferstanden in Christus? Ihr Eltern und Eheleute, ihr, die ihr einander Freund seid, ihr Hausgenossen mit all euren Schwierigkeiten und Zänkereien, ihr Brotgeber und ihr Angestellten, ihr, die ihr euch danach sehnt, rechte starke tüchtige Menschen zu werden – ihr alle seid auferstanden in Christus?

Liebe Freunde, man braucht ja nicht mehr zu tun, als sich solches zu überlegen. Man braucht nur durch die Straßen zu gehen, sich die Leute anzuschauen und sich zu fragen, ob sie wirklich diese Voraussetzung für sich gelten lassen und aus dieser Voraussetzung heraus ihr Leben gestalten, um einzusehen, dass das, was wir das Christentum nennen, menschlich gesprochen hoffnungslose Not ist, dass es ungeheuer verarmt ist, ganz gleich, ob die Kirchen überfüllt sind wie in Amerika oder ob sie fast leer sind wie weithin in Deutschland.

Unsere Väter sagten noch: „Im Namen Gottes, Amen." Sie lebten noch in der Illusion, damit etwas Gewichtiges gesagt zu haben. Sie lebten noch in der Illusion, damit etwas allen Gemeinsames, sie alle Verpflichtendes, sie alle Verbindendes gesagt zu haben. Aber allzu gefährlich, allzu störend, allzu aufrührerisch ließen sie dieses „Im Namen Gottes, Amen" wohl nie werden. Und warum sollten sie auch? Dieser Eingang, diese Voraussetzung konnte ebenso wohl alles heißen wie nichts. Nach diesen Worten konnte man getrost zunächst einmal einen Schlussstrich setzen und im Übrigen unbekümmert und unentwegt im Namen des Menschen beschließen und dekretieren und statuieren, was immer einem gut dünkte und was immer einem gefiel. In völliger Freiheit zog man seine Straße, den Namen Gottes gefahrlos im Rücken und das irdische Wohl des Menschen vor Augen. Und brauchte man denn überhaupt den Namen Gottes im Rücken zu haben, um das irdische Wohl des Menschen zu erkämpfen? Sollte dieser uralte und zugleich so eintönige und vieldeutige Name Gottes irgendetwas beitragen können zur Bewältigung der zahllosen Aufgaben, die gelöst werden müssten? Und immer verführerischer wurde der Reichtum des Menschlichen und immer mehr verdunkelte er den alten Namen des alten Gottes. So rückte der Name Gottes ferner und ferner, und immer näher kam die Fülle des auf sich selbst gestellten konkreten Lebens.

Wie, wenn man für alle Gebiete des Lebens endlich den Stein der Weisen finden könnte? Die idealste Form des Staates? Den reibungslosesten Austausch der Güter zwischen allen Völkern der Erde, die krisenlose Geldwirtschaft, die aller Willkür entnommen wäre? Die bestmögliche Erziehungsmethode, die raffinierteste Hygiene und Diät, die unfehlbare Heilmethode? Die tiefgründigste Seelenanalyse und meinethalben auch die beste Philosophie, die erlesenste Kunst und sicherlich auch die beste aller Formen von Religiosität? Ist's nicht so, dass man in weitesten Kreisen des Volkes von gar nichts anderem mehr das Heil erwartet als von diesen Dingen? Und je mehr uns dies ersehnte Heil immer wieder abhanden kommt, je mehr uns immer wieder zerbricht, was wir geplant, je mehr unser Leben von Klippe zu Klippe und von Krise zu Krise stürzt und unsere Hoffnungen zerschellen, umso mehr schreien wir nach Spezialisten, nach Fachleuten. *Sie* müssen es doch wissen. *Sie* müssen es doch können. Letzten Endes müsste doch die exakteste Wissenschaftlichkeit uns zum Ziele führen, müsste sie Ordnung bringen in unser Chaos. Wie viel vertrauenswürdiger, wie viel aussichtsreicher ist doch dieser fieberhaft vorwärtsdrängende Wissenschaftsbetrieb auf allen Geleisen des menschlichen Lebens als jenes nüchterne, nichtssagende: „Im Namen Gottes, Amen". Und gar als jenes verstaubte, längst vergessene: „So ihr denn mit Christus auferstanden seid".

Und doch, ist sie wirklich so vertrauenswürdig und aussichtsreich, diese Welt, der wir da entgegenjagen? Wird es uns denn jemals gelingen, Erkennen und Wissen so zusammenzufassen, dass es sich nicht mehr ständig widerspricht? All unser Wirken und Arbeiten so zusammenzufügen, dass nicht mehr ständig gegeneinander gewirkt und gearbeitet wird auf dieser Erde? Und wenn es uns auch gelänge: Wohin dann mit dem allem? Ist's wirklich so, dass wir ins Endlose taumeln, ins „Unaufhörliche", wie ein moderner Dichter das nennt? Das „Unaufhörliche", darob uns nur das Grauen packen könnte – es ist uns ja *zu* leer, *zu* dunkel, *zu* abgründig, was da vor uns liegt. Mit hohlen Augen schaut uns unsere Zukunft an. Zunächst vielleicht berauschen wir uns an diesem grandiosen Ausblick, fühlen wir uns trunken in dieser gigantischen Freiheit, ohne Gott und ohne Hoffnung, ohne Ziel und ohne Maß dahinzustürmen ins Chaos. Auch das Sinnloseste lässt sich ja steigern zu Pathos und Kunst, zu Leben und Antrieb. Aber sobald wir innehalten, nüchtern werden von unserem Rausch, zur Besinnung kommen, da wird es unheimlich leer in uns: „Schmeckt ihr den Becher Nichts, den dunklen Trank?" Ja und was nun, was wollen wir nun? Wollen wir noch eine Krise überstehen und dann sterben oder was wollen wir überhaupt? „Ich habe zu viel erlebt, ich kann nicht mehr ohne Religion sein", wird einem gesagt, und das heißt doch wohl: Ich habe schon zu tief in dieses Nichts geschaut, als dass ich es noch länger aushalten könnte darin. Zurück also – aber wohin denn? Wir lesen es, dass eine Regierung proklamiert, es solle ein ganzes Volk aus dem Zusammenbruch gerissen werden – durch die christliche Weltanschauung. So sind wir denn alle auf der Flucht, die Einzelnen und die Völker, vor einem unfassbaren letzten Absturz. „Im Namen Gottes, Amen", soll es wieder heißen. Religion soll wieder gepflegt und christliche Weltanschauung ausgebreitet werden.

O wie dürftig, o wie schwach, o wie jämmerlich klingt doch das alles. Glauben wir denn, dass wir uns das zweite Mal wirklich gefangen nehmen lassen würden von diesem „Im Namen Gottes, Amen"? Dass wir uns von ihm wirklich bestimmen lassen würden in all unserem Tun, dass wir uns wirklich, du und ich, Reich und Arm, Deutsch und Französisch, zusammenbinden lassen würden durch diesen Namen Gottes? Oder versteckt sich nicht auch und gerade hinter unseren religiösen Tendenzen unser unbändiger Drang nach Freiheit und Willkür – im Namen Gottes das zu tun, was *uns* gefällt, im Namen der christlichen Weltanschauung das eine Volkstum gegen das andere auszuspielen und aufzuhetzen?

Und jetzt fällt's uns erst wie Schuppen von den Augen, jetzt überfällt uns erst die Gewissheit jenes ganz Ungeheuerlichen – dass wir auf der Flucht sind vor Gott. Ob wir es wagen, jenen Becher Nichts, den dunklen Trank, zu trinken – oder ob wir vor ihm ausweichen in religiöses Getriebe und Gerede hinein – wir sind auf der Flucht vor jenem andern Becher, den die Bibel geschmeckt hat und den sie der Welt verkündigt in gewaltigen Tönen. Den Becher des Zornes Gottes, den Becher des verzehrenden Feuers des lebendigen Gottes. Nicht das ist unser Ungehorsam, dass wir so wenig religiös sind, sondern das, dass wir eigentlich ganz gerne religiös wären, es sehr erbaulich finden, wenn irgendwo einer sagt und schreibt: „Im Namen Gottes, Amen", sehr beruhigt sind darüber, wenn irgendeine Regierung die christliche Weltanschauung proklamiert. Das ist unser Ungehorsam, das ist unsere Flucht, das ist unser unheilvoller Abfall – dass wir, je frömmer wir sind, nur umso weniger es uns sagen lassen, dass Gott gefährlich ist, dass Gott seiner nicht spotten lässt, dass wir Menschen sterben müssen, wenn wir es denn wirklich mit dem lebendigen Gott zu tun haben wollen; dass wir unser Leben verlieren müssen, wenn wir es denn wirklich gewinnen wollen; dass wir nicht nur mit Wasser, sondern auch mit Feuer und Geist getauft werden müssen; dass dieses „Im Namen Gottes, Amen", wenn es denn wirklich einen Sinn haben soll, und nicht nur ein Geschwätz sein soll, ein majestätischer Bezirk ist, da man nur als völlig gefangener Sklave hinkommen kann – oder gar nicht.

Diesen Becher Gottes trinken, wenn man denn wirklich weiß, was man tut, das ist Ernst. Und jenen Becher Nichts trinken, den dunkeln Trank, wenn man denn wirklich weiß, was man tut, ist auch Ernst – und denen, die solches tun, ist der ewige Gott mit seiner leuchtenden Verheißung unendlich viel näher, als sie es von ferne ahnen könnten.

Aber mit irgendeinem harmlosen, ahnungslosen, frommen oder unfrommen Gerede, religiösem oder irreligiösem Interesse, irgendwo mitten drin zu stehen, auf der Flucht vor dem ewig Lebendigen und auf der Flucht vor dem ewig Toten – das ist Nichts.

Darüber ist keine Freude bei den Engeln des Himmels; das sind die Gesunden, die des Arztes nicht bedürfen; das sind die 99 Gerechten. Aber weil wir da stehen, mitten inne zwischen beiden Feuern, weil wir nicht mehr wissen, nein, aus guten Gründen es nicht mehr wissen *wollen,* was es heißt: Ihr seid mit Christus gestorben, ihr seid mit Christus gekreuzigt – darum wissen wir dann auch nicht mehr, was es heißt: Ihr seid mit Christus auferstanden. Nun ist's, wie wenn wir in den Bann getan wären, wie wenn wir es nicht mehr wissen *dürften.* Nun liegts wie eine Strafe auf uns, dass wir mit blöden Augen und tauben Ohren vor diesen Worten stehen müssen, völlig ratlos, was sie denn bedeuten sollten und was wir mit ihnen beginnen sollten in unserem Leben.

Sollte es möglich sein, dass unsere Ohren und Augen wieder aufgetan werden, dass wir alte verstaubte Worte wieder verstehen und dessen gewahr werden, dass sie das Leben in sich tragen? Das Leben, wie es keine Wissenschaft, auch keine Religionswissenschaft uns zu geben vermag, sondern allein der ewige Gott in seinem ewigen Sohn? Dass wir darin wieder unsern einen und einzigen Trost und Halt finden, ob wir leben oder sterben? Dass wir gestorben sind und unser Leben verborgen ist mit Christus in Gott? Dass wir mit Christus auferstanden sind und darum trachten können „nach dem, was droben ist, nicht nach dem, was auf Erden ist"?

Es muss ja wohl so sein, dass wir für heute hier abbrechen. Es ist uns besser und heilsamer, einmal in aller Schärfe zu sehen, wie fern unser privates und öffentliches Leben von diesen Erkenntnissen ist; als wenn wir im Handumdrehen erklären würden, es sei eigentlich ein Leichtes, diese Erkenntnisse wieder zurückzugewinnen. Wäre es ein Leichtes, dann wären es nicht *diese* Erkenntnisse, dann wären es nicht Gottes Erkenntnisse, sondern abermals ein paar fromme, erbauliche Menschengedanken.

Weil es aber *Gottes* Gedanken sind, so können sie uns nicht in Ewigkeit verborgen bleiben. Weil Gott es ist, der sich in diesem Christus zu uns herniederbeugt, um uns zu sich zu ziehen, weil er uns je und je geliebt hat, darum kann uns das alles nicht für alle Zeiten ein Rätsel und eine Torheit bleiben. Er selber wird den Schleier wieder hinwegreißen, der jetzt auf seinem heiligen Worte liegt, er selber wird uns staunende Augen öffnen für jene Herrlichkeit, da es wahr ist, dass wir mit Christus gestorben, aber auch mit Christus auferstanden sind; dass das unser wahres Leben ist, was jetzt und alle Tage mit Christus verborgen ist in Gott.

Und diese Gotteswahrheit, die würde uns gefangen nehmen, würde uns binden und verpflichten, würde uns zusammenschmieden Mensch an Mensch. Kommen wir zusammen mit irgendeinem „Im Namen Gottes, Amen", dann kommen wir doch immer in unserem ungebrochenen Menschenstolz, dann finden wir uns nie wirklich, dann treffen wir uns nie wirklich, dann reden wir immer aneinander vorbei, an den Konferenzen und in den Familien. Dann ist es uns schlechterdings unmöglich, auf unsere scheinbar so berechtigten Ansprüche einmal zu verzichten. Kommen wir aber zusammen als die Gekreuzigten und Auferstandenen Jesu Christi, als die, die ihr stolzes Menschenleben verloren haben, um es in Christus neu zu gewinnen, als die zum Tode Verurteilten, aber Begnadigten – dann finden wir uns, dann würden wir uns in die Augen schauen und würden uns ganz neu erkennen, so wie wir von Gott erkannt sind. Dann und nur dann könnten wir uns lieben. Herr, unser Herrscher, ewiger Gott! Sende du einen Hunger ins Land. Nicht einen Hunger nach Brot und Durst nach Wasser, sondern danach, das Wort des Herrn zu hören. Amen.

Predigt Berlin, 19. Juni 1932, DBW 11, S. 444–453

PREDIGT ZU KOLOSSER 3,1–4

Liebe Gemeinde, es ist, wie wenn unser ganzes Leben getragen, gehoben und aufgehoben würde in diesen Worten. Man mag gegen dies „Trachtet nach dem, was droben ist" sagen, was immer man will. Man mag die Vermutung hegen, dass denen, die ständig nach oben trachten, der Boden unter den Füßen weichen möchte. „Hebt er sich aufwärts und berührt mit dem Scheitel die Sterne, nirgends haften dann die unsicheren Sohlen, und mit ihm spielen Wolken und Winde." Doch stehe es mit ihm selber, wie immer es wolle: Die menschliche Gesellschaft hegt gegen solche Wolkenwandler den begründeten Verdacht, sie möchten unnütze Esser sein hier auf Erden, anstatt mit brennendem Herzen und tätigem Arm Ordnung und Aufstieg zu wirken; sie träumten von einem besseren Jenseits und würden untüchtig zur großen revolutionären Tat, die jede Generation tun muss, alte Tafeln zu zerschlagen und neue bessere aufzurichten.

Um solcher Sätze willen „Trachtet nach dem, was droben ist und nicht nach dem, was auf der Erden ist", werden Christen an die Wand gestellt und erschossen. Um solcher Sätze willen wird das Christentum des Verrates an der Erde bezichtigt. Bleibt der Erde treu, trachtet nach dem, was auf Erden ist. Das ist zahllosen Menschen ein heiliges Anliegen – und wir begreifen ihren Eifer. Wir begreifen ihre Eifersucht, mit der sie Planen und Wirken und Streben der Menschen an diese Erde ketten wollen. Denn wir sind ja an diese Erde gekettet. Sie ist der Ort, wo wir stehen und fallen. Was auf Erden geschieht, davon wird Rechenschaft gefordert. Und wehe uns Christen, wenn wir da zuschanden werden sollten, wenn es von dem Gottlosen [am] Ende aller Enden heißen müsste: Ei du frommer und getreuer Knecht, du bist über weniges getreu gewesen; ich will dich über vieles setzen, gehe ein zu deines Herren Freude; weil er den irdischen Aufgaben, die ihm gestellt, irdisch getreu gewesen wäre, weil er gewuchert hätte mit den Talenten, die ihm anvertraut [waren]. Während es von uns Christen heißen müsste: Und den unnützen Knecht werft in die Finsternis hinaus, weil wir unser Talent verborgen hätten in der Erde – vor lauter Trachten nach dem, was droben ist. Der Russenfilm „Der Weg ins Leben" hat wohl manchen Menschen einen erschütternden Eindruck hinterlassen. Da sah man, wie ganze Banden verwahrloster, verbrecherischer Buben und Burschen von einem überlegenen Führer gesammelt wurden und durch freiwillige und geordnete Arbeit aus Vagabunden zu Menschen gemacht wurden. Und das

Erschütternde daran war eben dies: Das Gebäude, darin diese Arbeitsgemeinschaft untergebracht wurde, war eine Klosterkirche. Die Geistlichkeit war vertrieben, Kultus und Gebet hatten ein Ende. Aber nun flutete durch diese Räume eine neue Zeit und ein großes irdisches Ziel: Menschen aus der irdischen Nacht zum irdischen Licht zu führen. Trachtet nach dem, was auf Erden ist!

Daran entscheidet sich heute Gewaltiges, ob wir Christen Kraft genug haben, der Welt zu bezeugen, dass wir keine Träumer und Wolkenwandler sind. Dass wir nicht die Dinge kommen und gehen lassen, wie sie nun einmal sind. Dass unser Glaube wirklich nicht das Opium ist, das uns zufrieden sein lässt inmitten einer ungerechten Welt. Sondern dass wir, gerade weil wir trachten nach dem, was droben ist, nur umso hartnäckiger und zielbewusster protestieren auf dieser Erde. Protestieren mit Worten und Taten, um um jeden Preis voranzuführen. Muss es denn so sein, dass das Christentum, das einstmals so ungeheuer revolutionär begonnen, nun für alle Zeiten konservativ ist? Dass jede neue Bewegung ohne die Kirche sich Bahn brechen muss, dass die Kirche immer erst zwanzig Jahre hinterher einsieht, was eigentlich geschehen ist? Muss dem wirklich so sein, dann müssen wir uns nicht wundern, wenn auch für unsere Kirche wieder Zeiten kommen werden, wo Märtyrerblut gefordert werden wird. Aber dieses Blut, wenn wir denn wirklich noch den Mut und die Ehre und die Treue haben, es zu vergießen, wird nicht so unschuldig und leuchtend sein wie jenes der ersten Zeugen. Auf unserem Blute läge große eigene Schuld: die Schuld des unnützen Knechtes, der hinausgeworfen wird in die Finsternis.

Und dennoch, mag die Gefahr noch so ungeheuer sein, die in diesen Worten liegt: „Trachtet nach dem, was droben ist, da Christus sitzet zur Rechten Gottes" – die Gefahr, dass wir sie missverstehen könnten; die Gefahr, dass wir zu unnützen Knechten würden; die Gefahr, dass Menschen uns des Verrates an der Erde beschuldigen. Wir ahnen ja doch, dass in diesen Worten unser Leben getragen, gehoben und aufgehoben wird, dass in diesen Worten unser Leben erst einen Sinn bekommt, den es ganz und gar nicht hätte, und wenn wir noch so sehr der Erde treu wären, wenn wir noch so tatendurstig und mit dem heiligsten Drang, die Welt zu verbessern, dahinstürmen würden. Es mag Zahlloses geben, das dringlich und nötig ist, aber es gibt nur eines, das not ist; das eben, dass unser ganzes Leben aufgehoben wäre bei Gott. Und das eben, wofür wir Menschen nicht von Ferne auch nur zu bitten wagten, das wird uns einfach zugesprochen: Ihr seid mit Christus auferstanden und euer Leben ist mit Christus verborgen in Gott.

Nicht wahr, es würde uns gelüsten, das alles moderner und schlichter und einfacher zu sagen; so wie es gepredigt wird in manchen Kirchen und wie es geglaubt wird von nur zu vielen Christen: Trachtet nach dem, was droben ist, denn euer Leben ist in Gott geborgen. Das ist doch eigentlich, was wir am Sonntag gerne hören möchten: Die ganze Fülle, den ganzen Reichtum unseres Lebens bringen wir mit in die Kirche. Und hier sollte der Priester seines Amtes walten, sollte segnen und weihen, sollte über den Tiefen und Höhen unserer Tage, über Leid und Freud, über Kummer und Tränen, über Arbeit und Sorgen das eine erlösende Wort sprechen: dass es alles aufgehoben und geborgen sei in Gott, dem Schöpfer der Welt. Da draußen in der Welt, da wird uns freilich anderes gesagt. Da wird uns gesagt, dass wir mit unserer Arbeit und mit unseren Plänen in eine Krise versinken, dass wir mit all unseren Bemühungen doch nur ins Dunkle und Uferlose vordringen. Da wird uns vielleicht gesagt, dass es hoffnungslos sei mit unserem Leben, dass wir in Krankheit und Not und Schuld ersticken müssten. Da dringt vielleicht mitten in ein glückliches Familienleben hinein der verlockende Ruf: Trachtet nach dem, was drunten ist, denn der Mensch kommt vom Tier und muss zum Tiere werden. Und aus dieser ganzen Unheimlichkeit der wirklichen Welt könnten wir uns in die Kirche flüchten wie in eine alte, traute Heimat. Da, da wäre alles hell und licht: Siehe, es ist alles, was ihr plant und tut und leidet, aufgehoben in Gott, dem Schöpfer der Welt. Darum trachtet nach dem, was droben ist.

Ob wir es nicht alle schon gespürt haben, dass die unheimliche Wahrheit der Welt dies kirchliche Gerede einfach verschlingt?

Wenn das Tier in uns seine Rechte geltend macht, was nützt uns da das Gerede von der Göttlichkeit des Menschen? Wenn der Ruf in uns lockt: Trachtet nach dem, was drunten ist, was hilft uns da die flehentlichste Mahnung: Trachtet nach dem, was droben ist? Wenn verheerende Dämonien uns überfallen und uns das Steuer entreißen, dass uns zumute ist, als werden unsere Weltgeschicke getrieben vom tobenden Orkan, was tröstet uns da der Gedanke, dass das alles Gottes Wille sei? Und wenn gar der Tod nach uns greift, was soll uns da alle Berufung auf Unsterblichkeit?

Trachtet nach dem, was droben ist, denn unser Leben ist geborgen in Gott, das mag ein schöner frommer erbaulicher Satz sein, aber er hält nicht stand in der Wirklichkeit der Welt. Und diesem Satz, dem muss widersprochen werden von der Welt. Der muss im Verdacht stehen, er verleite uns zum Verrat an der Erde, er lulle uns ein in eine falsche Gottgeborgenheit, er raube uns die Initiative des Kämpfers und lasse uns zur Ruhe kommen mitten in der schreiendsten Ungerechtigkeit der Welt.

Aber dieser Satz steht eben nicht in der Bibel. Der Apostel weiß wohl, was er tut, wenn er ganz unbekümmert um unser Geschrei, es sei zu wenig modern, es sei zu wenig verständlich, es sei nicht schlicht und einfach genug, mit aller Beharrlichkeit daran festhält: Trachtet nach dem, was droben ist, da Christus sitzet zur Rechten Gottes, denn euer Leben ist verborgen mit Christus in Gott. Und wie wir uns eifrig mit allem gesunden Menschenverstand herzudrängen und vielleicht auch mit sehr viel menschlicher Weisheit, um zu ergründen, was denn dies „verborgen mit Christus in Gott" heißen könnte – da steht wie ein Cherub mit blitzendem Schwert jenes andere Wort mitten im Text: „Ihr seid gestorben". Das ist das Unheimliche, dass, wo vom lebendigen Gott die Rede ist, immer dies Sterben dazwischen steht; dass, wo vom Leben-Gewinnen die Rede ist, immer dies Leben-Verlieren dazwischen steht. Was soll denn das eigentlich, dies Sterben oder gar dieses Gestorbensein mitten im Leben?

Da wird unserem ganzen Leben gegenüber eine unüberschreitbare Grenze verkündigt, eine Schranke und Grenze, von der wir nicht nur nichts wissen wollen, sondern von der wir unheimlicherweise auch nichts wissen können. Ihr seid gestorben, das heißt nicht etwa nur: Ihr geht alle ausnahmslos dem Tod entgegen, ihr seid mit Schritt und Tritt dem Tod verfallen. Sondern das muss doch wohl heißen: Das, was im Tod das eigentliche Rätsel ist, diesem Rätsel ist schon das Leben verfallen. Jenes letzte tiefste Menschenschicksal, davon unser Sterben so unheimlich Zeugnis gibt, das ist auch das Schicksal unseres Lebens. Es steht eine Macht hinter unserem Leben und unserem Sterben – und diese Macht ist gerade nicht dem Leben zu vergleichen, wie es uns immer wieder zu tun gelüstet, sondern diese Macht ist, wenn man für sie denn schon ein Gleichnis finden soll, dem Tod am ehesten zu vergleichen.

Tod und Leben so auf einer Linie, und zwar auf der Todeslinie zu sehen, das vermöchte man nur, wenn man mit Gottes eigenen Augen zu schauen vermöchte. Denn für uns Menschen sind die Unterschiede zwischen Tod und Leben ungeheuer groß – für Gott fallen sie in eins zusammen. Für Gott ist der Mensch nicht mehr und nicht weniger, nicht ferner und nicht näher, ob er lebt oder stirbt. Aber eben: Soll in menschlichen Worten und für menschliches Verständnis darüber geredet werden, wie es denn nun um den Menschen steht, ob er lebt oder stirbt, ob wohl in Gottes Augen auch das menschliche Sterben wie ein Weiterleben ist – dann mahnt uns unser Text mit aller Bestimmtheit, gerade das Gegenteil zu bedenken. Wie, wenn es so wäre, dass in Gottes Augen auch unser Leben wäre wie der Tod? Gerade nicht das triumphierende „Leben", damit wir Menschen so viel Aufhebens machen, sondern eigentlich und im Grunde genommen ein völlig haltloses, aussichtsloses, hoffnungsloses, gottverlorenes „Sterben"? „Ihr seid gestorben". Die Bibel wagt es noch, jenen ungeheuren Gedanken zu denken, für den wir moderne Menschen viel zu schwächlich sind, dass es nicht das „Nichts" ist, dem wir da ausgeliefert sind, ob wir sterben oder ob wir leben, dass wir nicht einfach frei von aller Verantwortlichkeit ins Leere sinken, sondern dass wir an Gott selber zuschanden werden und zerschellen; an Gott, der uns ja näher ist als unser eigenes Blut, dass Gottes Zorn uns begegnet. „Ihr seid gestorben", das heißt letzten Endes nichts anderes als: Ihr seid verloren, gottverloren, ob ihr sterbt oder lebt. Das ist die unheimliche Grenze, die uns da verkündigt wird. Das ist die Kunde, gegen die wir uns zuinnerst auflehnen. Wir lassen uns gern belehren, wir lassen uns auch über religiöse Dinge belehren, aber es soll dies alles so geschehen, dass wir, die wir reden, und wir, die wir hören, miteinander in den schön geschmückten wohnlich warmen Räumen unseres Lebens auf und nieder schreiten. Wir lassen uns anpredigen, wir lassen uns schelten, lassen uns raten und helfen. Aber an jene Grenze darf uns keiner führen. Da sind wir längst mit uns im Reinen. Jene Grenze, dass wir, ob wir leben oder sterben, gottverlorene Menschen sein könnten – das haben wir längst entlarvt als eine veraltete, irrige Lehre. Wir wissen es ja so viel besser, dass [es] gerade umgekehrt ist, dass wir, ob wir leben oder sterben, gerade geborgen sind in Gott; dass es nur ein Schritt ist von uns hinüber zu Gott, dass Gott gleichsam im Nebenzimmer haust, wie Rilke das gelegentlich angetönt hat.

Weil wir das wissen, dass unser Leben letzten Endes gottgeborgenes, göttliches Leben ist, darum wissen wir auch, was für Ansprüche wir der Kirche gegenüber zu stellen haben. Von unserem sichtbaren Leben soll geredet werden. Es soll durchleuchtet werden bis in seine göttlichen Tiefen, es soll verklärt werden mit göttlicher Weihe und göttlichem Segen. Aber woher wissen wir denn das alles? Haben die Naturwissenschaften uns zu der Erkenntnis gebracht, dass es nicht so schlimm bestellt sei um den Menschen vor Gott? Oder soll es etwa darum wahr sein, weil Goethe und Hölderlin dieser Ansicht waren?

„Ihr seid gestorben", sagt der Apostel, und er weiß es wohl: Wenn es wirklich wahr ist, dass es mit unserem Leben und Sterben nichts ist vor Gott, dann ist es auch nichts mit unserem Denken. Dann können wir uns tausendmal Gedanken darüber machen, wie viel schöner und schlichter und erbaulicher es wäre, einen Gott zu haben, an dem wir nicht verloren gehen könnten – so würden doch diese tausend Gedanken in die Irre gehen. Wenn es denn wahr ist, dass wir gestorben sind, so müssen wir uns schon dies, dass wir gestorben sind, von Gott selber sagen lassen. Denn ein verlorenes Denken weiß auch nichts von seiner Verlorenheit. Weder Paulus noch wir wüssten etwas von dieser Todeslinie, von dieser Grenze, von dieser Verlorenheit, wenn Gott nicht selbst uns all dies kundtun würde. Gott selbst redet mit uns, Gott selbst kommt zu uns, Gott selbst tut uns unsere Verlorenheit kund. Aber wenn er es tut, dann ist der ja auch schon bei uns, den wir verloren haben; dann ist uns ja auch längst geholfen; da spottet Gott ja dieser unserer ganzen Verlorenheit; da triumphiert Gott über alles, was uns von ihm scheiden könnte. Da hat seine Liebe uns zu sich gezogen und keine Macht der Welt vermag uns aus seiner Hand zu reißen.

Dies unbegreiflich Wunderbare will uns der Apostel sagen. Ihr seid gestorben, das sagt er uns nicht, um uns zu quälen, nicht, um uns in Betrübnis zu stürzen, sondern einzig und allein darum, weil er in einem Atemzuge fortfahren kann: „Und euer Leben ist verborgen mit Christus in Gott." Wir sind ja gar nicht allein gelassen in unserer Verlorenheit, sondern da ist einer, der hat die Grenze, die uns vom Schöpfer und vom wahren Leben trennt, überschritten, ist hereingebrochen in unseren Todesbezirk, hat unser Leben und Sterben durchkostet bis in seine tiefste Tiefe und ist doch hindurchgebrochen durch diesen Tod, hindurch zum ewigen Vater, zum ewigen Leben, da er sitzet zur rechten Hand Gottes. Und hat die ganze Welt mit sich hinaufgerissen zum Leben und zum Licht, hat den Tod verschlungen in den Sieg, hat unser ganzes Gefängnis gefangen geführt und uns die Freiheit gebracht, die herrliche Freiheit der Kinder Gottes.

Liebe Freunde, wir wollen nicht den Anschein erwecken, als verstünden wir das alles. Das ist das eine Geschehen, das jenseits der Grenze alles menschlichen und darum auch jenseits der Grenze unseres Verständnisses verläuft. Dass Jesus, der große Weise aus Galiläa, der Christus sein soll, der die ganze Todeslinie des menschlichen Sterbens und Lebens durchbricht und uns im Triumphe hinführt zum Vater – das hat noch kein Mensch begriffen. Da gäbe es tausenderlei Bedenken und Zweifel. Da gäbe es unüberwindbare Schwierigkeiten.

Aber dazu ist Christus nicht in die Welt gekommen, dass wir ihn begriffen, sondern dass wir uns an ihn klammern, dass wir uns einfach von ihm hineinreißen lassen in das ungeheure Geschehen der Auferstehung. Dass wir es uns einfach sagen lassen, in seiner ganzen Unbegreiflichkeit sagen lassen: Ihr seid gestorben – und doch seid ihr auferstanden! Ihr seid im Dunkel – und [doch] seid ihr im Licht. Ihr habt Angst – und doch könnt ihr euch freuen. Haarscharf nebeneinander dies gänzlich Unvereinbare; haarscharf nebeneinander, so wie eben die beiden Welten, unsere Welt und die Welt Gottes, haarscharf nebeneinander sind.

„Ihr seid gestorben und euer Leben ist mit Christus verborgen in Gott." Das ist die eine leuchtende Verheißung, die uns gegeben ist. Es mag mit unserem sichtbaren Leben stehen, wie immer es will: Ob es hoch dahinfährt und reiche Ernte einführt an Anerkennung, Ehre und Ruhm; ob es schmählich unten durch muss und zusammenbricht unter der Überlast von Not und Schuld, ob es heldenhaft und edel und groß ist oder kleinlich, töricht und stumpf, ob das Gewissen jubelt in seliger Freude oder hämmert in furchtbarer Anklage: Dies Leben soll von uns Menschen nicht verherrlicht und nicht in den Himmel gehoben werden. Wollten wir dieses tun, wir könnten nur zuschanden werden vor Gott. Aber gerade zuschanden werden müssen wir nicht, stehe es mit unserem sichtbaren Leben, wie immer es wolle; wenn wir es denn preisgeben, vor Gott preisgeben, wenn wir es denn verlieren, um Christi willen verlieren, dieses ganze zugleich so erhebende und trostlose und sichtbare Leben.

Denn dicht neben uns in jener majestätischen Verborgenheit, da Gott ist alles in allem, da der Sohn thront zur Rechten des Vaters – da ist, o Wunder aller Wunder, unser wahres Leben bereitet. Unser Leben ist mit Christus verborgen in Gott. Wir selbst sind schon daheim mitten in unserer Heimatlosigkeit.

Unser sichtbares Leben rinnt dahin als wie ein Traum und oft als wie ein Fluch. Von Dämonien beherrscht, in Krisen verwickelt, von Not und Schuld überhäuft – dies Leben ist ein gestorbenes Leben. Es geht seine nur allzu bekannten dunklen Wege, aber all das ist aufgehoben in Gott. Als das dem Tod verfallene ist es von Gott dem Tod entrissen, als das verlorene ist es von Gott gerettet.

O, Gott hätte wohl die Macht, uns sündige Menschen zu vernichten und neue Menschen zu schaffen. Er hätte wohl die Macht, unser Leben erst einmal auszulöschen und hernach ein völlig neues, erlöstes Leben für uns bereit zu halten. Aber nein, so, wie es ist, unser Leben, so hebt er es empor in seine majestätische Verborgenheit; so, wie es ist, wird es verherrlicht in seiner überschwänglichen Herrlichkeit. Unser sichtbares Leben mit seinen Freuden und Erfolgen, mit seinen Sorgen und seinem Kummer und seinem wehen Ungehorsam: heilig und unsträflich und vollkommen steht es um Jesu Christi willen in jener verborgenen Gotteswelt vor den Augen des Allmächtigen, jetzt und morgen und in alle Ewigkeit. Und keine Träne rinnt umsonst und kein Seufzen wird überhört, kein Schmerz wird verachtet und kein Jubel ist verloren. Die sichtbare Welt schreitet brutal und herzlos und gewalttätig über all das hinweg. Aber aus Gnade und Barmherzigkeit und großer Güte sammelt Gott unser brennendes, glühendes Leben; verherrlicht er es um Jesu Christi willen; baut er es neu und gut in jener verborgenen Welt, da die Todeslinie, die uns von Gott scheidet, hinweggetan ist. Verborgen ist unser wahres Leben – aber es ist fest gegründet in Ewigkeit. „Wenn aber Christus, euer Leben, sich offenbaren wird, dann werdet ihr auch offenbar werden mit ihm in der Herrlichkeit." Amen.

Predigt London, 3. Dezember 1933, DBW 13, S. 332–337

PREDIGT ZU LUKAS 21,28

Ihr wisst alle, was ein Grubenunglück ist. Wir haben in der letzten Woche immer wieder davon in den Zeitungen lesen müssen. Über den Männern, die täglich in die tiefen Schächte der Erde einfahren müssen, um ihre Arbeit zu tun, schwebt die fortwährende Gefahr, dass eines Tages einer der Gänge einstürzt, dass eine unterirdische Explosion sie verschüttet. Dann sind sie da unten in der Erde im Dunkel der Nacht, verlassen, allein, dann ist ihr Schicksal erfüllt, dann ist der Augenblick da, vor dem auch dem mutigsten Bergmann sein Leben lang gegraut hat. Da hilft kein Schreien, da hilft es nichts, wie rasend gegen die Wand anzurennen. Da hilft kein Kraftaufwand mehr etwas. Aber je mehr ein Mensch dann seine völlige Ohnmacht erkennt, desto rasender wird [er]. Aber es bleibt stumm um ihn herum. Er weiß, da oben laufen jetzt die Leute zusammen, da weinen die Frauen und die Kinder – aber ihm ist der Weg versperrt. Ihm bleibt nichts als das Ende. Er weiß auch, da oben arbeiten sie jetzt fieberhaft. Da graben sich die Kameraden mit zäher Energie durch den Stein den Verschütteten entgegen. Vielleicht wird auch hier oder da noch einer gefunden und gerettet, aber hier in der tiefsten Tiefe im letzten Schacht ist keine Hoffnung. Es bleibt nur ein qualvolles Warten und Sterben. Und wenn nun dann auf einmal ein leises Geräusch sich vernehmen lässt, wie ein Klopfen, ein Hämmern, ein Brechen von Steinen, und wenn man dann plötzlich wie aus der Entfernung Stimmen hört, die rufen, rufen ins Leere, ins Dunkle, und wenn dies Rumoren und Arbeiten immer lauter wird, und plötzlich gibt's einen harten Schlag und das Klopfen kommt ganz nah, es hallt schon wider, und dann schließlich ruft eine befreundete Männerstimme eines Kameraden laut den Namen des Verschütteten – wo bist du, es kommt Hilfe, Hilfe – dann auf einmal richtet sich der schon Verzagte hoch auf, sein Herz möchte ihm springen vor Spannung und vor Warten, und er schreit aus Leibeskräften: Hier bin ich, kommt durch zu mir und helft mir – ich komme nicht durch, ich kann mir nicht helfen, aber ich warte, ich warte, ich halte durch bis ihr kommt. Kommt nur bald ... Und er hört in rasender Aufmerksamkeit, wie es Schlag für Schlag näher kommt, Sekunden vergehen wie Stunden, er sieht nichts, gar nichts, aber er hört die Stimmen der Helfer, da dringt ein letzter wilder verzweifelter Hammerschlag an sein Ohr und nun ist die

Rettung nah, noch ein Schritt weit und er ist frei – nicht wahr, ihr begreift, warum ich davon spreche am ersten Advent. Es ist ja der Advent selbst, von dem wir geredet haben. So steht es ja mit dem Herannahen Gottes zum Menschen, mit dem Kommen der Erlösung, mit der Ankunft Christi ... sehet auf und erhebet eure Häupter, darum dass sich eure Erlösung naht.

Zu wem spricht man denn so? Wen interessiert denn ein solches Wort? Wen regt denn so etwas überhaupt auf? Denkt an ein Gefängnis. Lange Jahre haben die Gefangenen die Schmach und die Strafe ihrer Gefangenschaft getragen. In harter Plage haben sie indes schwere Zwangsarbeit tun müssen, bis sie sich selbst zur Last wurden. Immer wieder versuchte der eine oder der andere zu entkommen, aber er wurde gefasst und zurückgeschleppt und von nun an war's nur noch schwerer, oder ein Schuss brachte ihn zur Strecke. – Unter Seufzen und Tränen tragen die anderen ihr Los und ihre Ketten. Und nun dringt auf einmal die Botschaft ins Gefängnis: Binnen Kurzem sollt ihr alle frei werden, eure Ketten sollen fallen, eure Schinder sollen gebunden werden und ihr sollt erlöst sein. Dann sieht der Chor der Gefangenen auf und schreit herzzerreißend: Ja, komm, oh Retter.

Denkt an den Kranken, den eine unheilbare Krankheit quält, der in unsäglichen Schmerzen langsam, langsam dahinstirbt, der sich sehnt nach dem Ende dieser Plage, und jetzt kommt der Tag, an dem der Arzt ihm ruhig und bestimmt sagen darf: Heute wirst du erlöst sein – dann wird der Todkranke froh sein Haupt erheben und dieser Erlösung entgegensehen.

Und nun denkt an den Menschen, den nicht äußere Gefangenschaft, nicht leibliche Krankheit, sondern eine schwere seelische Not drückt, denkt an den Menschen mit dem Geheimnis, von dem wir am Bußtag geredet haben, an den Menschen, der in unvergebener Schuld lebt und den Sinn des Lebens verliert und damit alle Fröhlichkeit, denken wir an uns selbst, die wir uns um ein christliches gehorsames Leben bemühen und immer wieder versagen, denkt an den Sohn, der seinem Vater, an den Mann, der seiner Frau nicht mehr ins Auge sehen kann, denkt an all die [...], tiefe

Zerrüttung und Heillosigkeit, die aus all dem erwächst, und dann lasst es uns noch einmal hören: Sehet auf, erhebet eure Häupter, darum dass sich eure Erlösung naht. Ihr sollt frei werden von all dem, die Not und Angst eurer Seele hat ein Ende. Die Erlösung ist nah. (Wie der Vater zu seinem Kind sagte: Sieh auf, blick nicht zur Erde, sieh mich an, ich bin dein Vater ... so heißt es hier im Evangelium: Sehet auf, erhebet eure Häupter, darum, dass sich eure Erlösung naht.)

Also, wer ist eigentlich angeredet mit diesem Text? Menschen, die wissen, dass sie unerlöste Menschen sind, dass sie geknechtete und gefesselte Menschen sind, dass ein Schinder Gewalt über sie hat und sie Frondienste tun müssen – Menschen wie jener Verschüttete, wie jene Gefangenen, die immer noch Ausschau halten nach der Freiheit, der wirklichen Erlösung, Menschen, die gern erlöste Menschen wären. Nicht angeredet sind jedenfalls alle die, die sich schon so an ihren Zustand gewöhnt haben, dass sie gar nicht mehr merken, dass sie Gefangene sind, die sich abgefunden haben mit ihrer Unerlöstheit, eben so aus allerlei praktischen Gründen, die so gleichgültig und stumpf geworden sind, dass es sie gar nicht mehr aufbringt, wenn einer ihnen zuruft: Deine Erlösung ist nah. Nicht an die Satten, die Zufriedenen, sondern an die Hungernden und Dürstenden richtet sich dies Wort des Advent. *Bei ihnen klopft er an,* mächtig und eindringlich. Und wir hören ihn, wie jener verschüttete Bergmann in der Grube jeden Schlag, jedes Näherkommen des Retters mit letzter Aufmerksamkeit verfolgte. Kann man sich auch nur denken, dass jener von dem Augenblick an, da er das erste Klopfen vernahm, noch auf irgendetwas anderes geachtet hat als eben auf diese herannahende Befreiung? Und nun sagt uns der erste Advent nichts anderes als dies: Deine Erlösung, eure Erlösung naht! Sie klopft schon an, hört ihr es nicht? Sie will sich den Weg durch all den Schutt, durch all das harte Gestein eures Lebens, eures Herzens bahnen; das geht nicht schnell, aber er kommt, Christus bricht sich den Weg zu euch, zu euren Herzen, er will unser Herz, das hart geworden ist, wieder erweichen im Gehorsam gegen ihn, er ruft uns gerade in diesen Wochen des Wartens, des Wartens auf Weihnachten immer wieder zu: dass er kommen will und dass er allein uns retten wird aus dem Gefängnis unseres Daseins, aus der Angst, aus der Schuld, aus der Einsamkeit.

Wollt ihr erlöst sein? Das ist die eine große, die entscheidende Frage, die der Advent an uns richtet. Brennt in uns noch irgendein Rest von Sehnsucht, von Erkenntnis dessen, was Erlösung heißen könnte? Wenn nicht, was wollen wir dann vom Advent? Was wollen wir dann von Weihnachten ... ein bisschen Sentimentalität, ein bisschen innere Erhebung, ... ein bisschen Stimmung – wenn aber da etwas ist, das davon wissen will, das sich an diesem Wort entzündet, wenn da etwas in uns diesem Wort glaubt – wenn wir spüren, es könnte noch einmal, noch einmal in unserem Leben eine Wendung ganz zu Gott hin, zu Christus hin geschehen – warum sind wir dann nicht einfach gehorsam, hören das uns angebotene, zugerufene, in die Ohren geschriebene Wort – die Erlösung ist nah, hörst du denn nicht, warte, warte nur noch einen kleinen Augenblick, und dann wird dies Klopfen von Stunde zu Stunde und von Tag zu Tag lauter, eindringlicher werden – und dann wird Weihnachten kommen und wir sind bereit – Gott kommt zu uns, zu dir und mir, Christ, der Retter ist da.

Vielleicht sagt ihr: So habt ihr es in der Kirche schon immer gesagt und es ist doch nie etwas daraus geworden. Warum ist denn nichts daraus geworden? Weil wir nicht gewollt haben, weil wir nicht hören und nicht glauben wollten, weil wir sagten: Mag sein, dass da der eine oder der andere Verschüttete gerettet wird, aber zu uns, so tief drunten, so weit weg, so entwöhnt von diesen Dingen, dringt der Retter nicht durch. Wir sind nun mal nicht fromm, wir haben keine religiöse Begabung und wir wollen ja gern, aber zu uns spricht das nun einmal nicht. Aber mit all dem reden wir uns ja nur [he]raus – wer weiß es denn, der es noch nicht probiert hat –, wenn wir wirklich einfach wollten, wenn es nicht alles Rederei und Ausflucht wäre, so würden wir doch endlich, endlich anfangen zu beten, beten, dass nun dieser Advent auch bei uns Einkehr halte. Täuschen wir uns doch nicht. Die Erlösung naht, ob wir das wissen oder nicht, und die Frage ist nur: Lassen wir sie auch zu uns kommen oder widersetzen wir uns? Lassen wir uns in diese Bewegung, die vom Himmel herab auf Erden kommt, hineinreißen oder verschließen wir uns? Es wird Weihnachten, ob mit uns oder ohne uns, das liegt bei jedem Einzelnen von uns.

Und dass nun ein solches wahrhaftes Adventsgeschehen etwas anderes schafft als eine ängstliche, kleinliche, gedrückte, schwächliche Christlichkeit, die wir immer wieder wahrnehmen und die uns das Christentum selbst immer wieder verächtlich machen will, das wird aus den zwei gewaltigen Aufforderungen klar, die unseren Text einleiten. Sehet auf, erhebet eure Häupter. Advent schafft Menschen, neue Menschen. Neue Menschen sollen auch wir im Advent werden. Sehet auf, ihr, deren Blick stier auf diese Erde gerichtet ist, die gebannt sind von den kleinen Geschehnissen und Veränderungen auf der Oberfläche dieser Erde, sehet auf, die ihr euch vom Himmel enttäuscht abgewendet [habt], zu diesen Worten, sehet auf, ihr, deren Augen von Tränen schwer sind und dem nachweinen, das die Erde uns gnadenlos entrissen hat, sehet auf, ihr, deren Blick schuldbeladen sich nicht erheben kann – sehet auf, eure Erlösung naht. Es geschieht noch etwas anderes, als was ihr täglich seht, etwas viel Wichtigeres, etwas unendlich viel Größeres und Mächtigeres – nehmt es nur wahr, seid auf der Wacht, wartet noch einen kurzen Augenblick, wartet, und es wird etwas ganz Neues über euch hereinbrechen. Gott wird kommen, Jesus kommt und wird von euch Besitz nehmen und ihr werdet erlöste Menschen sein. Sehet auf, steht auf der Wacht, die Augen auf, wartet, wartet der herannahenden Erlösung entgegen.

Erhebet eure Häupter – Du Heer der Gebeugten, der Gedemütigten, der Mutlosen, du geschlagenes Heer mit den gesenkten Häuptern – die Schlacht ist ja nicht verloren – erhebet eure Häupter – der Sieg gehört euch – fasst Mut, keine Furcht, keine Angst, keine Sorge – Mut, seid des Sieges gewiss, seid stark, seid männlich. Hier gibt es kein Kopfschütteln mehr, kein Zweifeln und Wegschauen – die Freiheit, das Heil, die Erlösung kommt heran. Sehet auf – wartet! erhebt eure Häupter – seid furchtlos und stark! – denn Christus kommt.

Und nun fragen wir nochmal: Hören wir nun, wie es klopft und treibt und vorwärtskämpft, wie da etwas in uns aufspringen will, sich auftun, frei werden dem Christus entgegen? Spüren wir, dass das nicht nur bildliche Rede ist, sondern dass da etwas geschieht, dass da Menschenseelen aufgerichtet, erschüttert, zerrissen und geheilt werden? Dass da der Himmel sich zur Erde neigt und die Erde zittert und die Menschen verzagen vor Angst und Bangigkeit und Hoffnung und Freude? Dass da Gott sich [zu] den Menschen neigt und zu ihnen eingeht? Kann der verschüttete Bergmann auf etwas anderes achten als auf dies Hämmern und Klopfen der Retter? Kann und darf uns noch etwas anderes wichtig sein, als eben auf dieses selbe Hämmern und Klopfen Jesu Christi in unserem Leben zu achten? Kann es uns in allem, was geschieht, um etwas [anderes] gehen als um das Lauschen und Aufhören, um das Zittern und Sichausstrecken nach ihm? Es ist etwas am Werk, auch in uns. Dass wir's doch nicht zuschütteten, dass wir doch auftäten dem, der da kommen will. Mitten im Winter hat Luther einmal, als er an Advent über unseren Text predigte, gerufen: „Der Sommer ist nahe, die Bäume wollen hervor. Es ist Frühlingszeit." Wer Ohren hat zu hören, der hört. Amen.

Ethik als Gestaltung, DBW 6, S. 80f.

Nicht um Weltgestaltung durch Planung und Programme geht es ihr[3] in erster Linie, sondern es geht ihr bei aller Gestaltung allein um die eine Gestalt, die die Welt überwunden hat, um die Gestalt Jesu Christi. Gestaltung gibt es nur von ihr aus, und nun wiederum nicht so, dass die Lehre Christi oder die sogenannten christlichen Prinzipien in direkter Weise auf die Welt angewendet und die Welt nach ihnen gestaltet werden sollte. Gestaltung gibt es viel-

3 Der Heiligen Schrift.

mehr allein als Hineingezogenwerden in die Gestalt Jesu Christi, als *Gleichgestaltung mit der einzigen Gestalt des Menschgewordenen, Gekreuzigten und Auferstandenen*. Das geschieht nicht durch Anstrengungen. „Jesus ähnlich zu werden", wie wir es auszudrücken pflegen, sondern dadurch, dass die Gestalt Jesu Christi von sich aus so auf uns einwirkt, dass sie unsere Gestalt nach ihrer eigenen prägt (Galater 4,9). Christus bleibt der einzige Gestalter.

Die Struktur des verantwortlichen Lebens, DBW 6, S. 279

Nicht ein Gesetz, sondern der lebendige Gott und der lebendige Mensch, wie er mir in Jesus Christus begegnet, ist Ursprung und Ziel meines Gewissens.

Dietrich Bonhoeffer, An Eberhard Bethge, aus dem Gefängnis,
28. Juli 1944, DBW 8, S. 549

Nicht nur die Tat, sondern auch das Leiden ist ein Weg zur Freiheit. Die Befreiung liegt im Leiden darin, dass man seine Sache ganz aus den eigenen Händen geben und in die Hände Gottes legen darf. In diesem Sinne ist der Tod die Krönung der menschlichen Freiheit. Ob die menschliche Tat eine Sache des Glaubens ist oder nicht, entscheidet sich darin, ob der Mensch sein Leiden als eine Fortsetzung seiner Tat, als eine Vollendung der Freiheit versteht oder nicht. Das finde ich sehr wichtig und sehr tröstlich.

Dietrich Bonhoeffer, An Eberhard Bethge, aus dem Gefängnis,
30. April 1944, DBW 8, S. 402

Was mich unablässig bewegt, ist die Frage, was das Christentum oder auch wer Christus heute für uns eigentlich ist. Die Zeit, in der man alles den Menschen durch Worte – seien es theologische oder fromme Worte – sagen könnte, ist vorüber; ebenso die Zeit der Innerlichkeit und des Gewissens, und d. h. eben die Zeit der Religion überhaupt. Wir gehen einer völlig religionslosen Zeit entgegen.

Dietrich Bonhoeffer, An Eberhard Bethge, aus dem Gefängnis,
21. August 1944, DBW 8, S. 573

Gewiss ist, dass wir immer in der Nähe und unter der Gegenwart Gottes leben dürfen und dass dieses Leben für uns ein ganz neues Leben ist; dass es für uns nichts Unmögliches mehr gibt, weil es für Gott nichts Unmögliches gibt; dass keine irdische Macht uns anrühren kann ohne Gottes Willen, und dass Gefahr und Not uns nur näher zu Gott treibt; gewiss ist, dass wir nichts zu beanspruchen haben und doch alles erbitten dürfen; gewiss ist, dass im Leiden unsre Freude, im Sterben unser Leben verborgen ist; gewiss ist, dass wir in dem allen in einer Gemeinschaft stehen, die uns trägt. Zu all dem hat Gott in Jesus Ja und Amen gesagt. Dieses Ja und Amen ist der feste Boden, auf dem wir stehen. Immer wieder in dieser turbulenten Zeit verlieren wir aus dem Auge, warum es sich eigentlich zu leben lohnt.

Beten und handeln

Gott, zu dir rufe ich am frühen Morgen.
Hilf mir beten und meine Gedanken sammeln;
ich kann es nicht allein.

Dietrich Bonhoeffer, Weihnachten 1943, DBW 8, S. 204

Brief an Bischof Ammundsen, 8. August 1934, DBW 13, S. 179

Es kann furchtbar schwer und hart für uns alle werden, aber wir müssen hinein und hindurch, ohne Diplomatie mit offener christlicher Rede. Und wir werden im Gebet miteinander den Weg dazu finden. Das wollte ich gern noch sagen.

Tagebuch Amerikareise, 18. Juni 1939, DBW 15, S. 226f.

Ich muss da noch den rechten Ausgleich finden. Paulus schreibt doch auch, dass er seiner Gemeinde „ohne Unterlass" im Gebet gedenkt und hat sich zugleich der jeweiligen Aufgabe ganz hingegeben. Das muss noch gelernt werden. Es wird wohl nur durch das Beten gehen.

Brief an Karl Barth, 19. September 1936, DBW 14, S. 237f.

[Wenn] ein führender Mann der Bekennenden Kirche gesagt hat: „Für Meditation haben wir jetzt keine Zeit, die Kandidaten sollen lernen zu predigen und zu katechesieren", so ist das entweder totale Unkenntnis dessen, was ein junger Theologe heute ist, oder es ist frevelhafte Unwissenheit darüber, wie eine Predigt und Katechese entsteht. Die Fragen, die heute im Ernst von jungen Theologen an uns gestellt werden, heißen: Wie lerne ich beten? Wie lerne ich die Schrift lesen? Entweder wir können ihnen da helfen oder wir helfen ihnen überhaupt nicht. Selbstverständlich ist da wirklich gar nichts!

Aus Ettal, 14. Februar 1941, DBW 16, S. 144

Auch du wirst jetzt in so unruhigem Leben eine feste morgendliche Gebetszeit brauchen und halten. So klärt sich auch das, was man am Tag tun und sagen soll, und man wird „selbstständig" in den täglichen Entscheidungen.

Brief an seinen Neffen Hans-Walter Schleicher,
10. Oktober 1942, DBW 16, S. 365

Und wenn ich auch sonst sparsam bin mit solchen Worten, so lass mich dir heute sagen:

Gott behüte dich!

Brief an seine Mitbrüder, 15. März 1936, DBW 14, S. 135

Wie haltet ihr es durch mit der Meditation, der Fürbitte, dem Bibellesen und dem Besuchen? Lasst euch doch bitten und ermahnen, hierin nicht matt zu werden!

Anleitung zur täglichen Meditation Finkenwalde,
22. 5. 1936, DBW 14, S. 945–950

Warum meditiere ich?
Weil ich Christ bin und weil darum jeder Tag für mich verloren ist, an dem ich nicht tiefer in die Erkenntnis des Wortes Gottes in der Heiligen Schrift eingedrungen bin. Nur auf dem festen Grund des Wortes Gottes kann ich gewisse Tritte tun. Ich lerne aber als Christ die Heilige Schrift nicht anders kennen als durch das Hören der Predigt und die betende Meditation.

Weil ich Prediger des Wortes bin. Ich kann die Schrift nicht andern auslegen, wenn ich sie nicht täglich zu mir selbst reden lasse. Ich werde das Wort in meinem Amt missbrauchen, wenn ich nicht anhalte, es betend zu meditieren. Wenn mir im täglichen Amt das Wort oft leer wird, wenn ich es nicht mehr erfahre, dann soll mir das ein untrüglicher Hinweis darauf sein, dass ich das Wort lange nicht mehr habe zu mir selbst reden lassen. Ich versündige mich an meinem Amt, wenn ich nicht selbst täglich betend das Wort suche, das mein Herr mir heute sagen will. Den Wortverkündigern wird Apostelgeschichte 6,4 besonders das Amt des Gebetes auferlegt. Der Pfarrer muss mehr beten als andere und er hat mehr zu beten.

Weil ich eine feste Gebeteszucht nötig habe. Wir beten gern nach Stimmungen, kurz, lang oder gar nicht. Das ist Willkür. Das Gebet ist nicht freies Opfer an Gott, sondern schuldiger Dienst, den er fordert. Wir sind nicht frei, damit nach eigenem Wunsch umzugehen. Gebet ist der erste Gottesdienst am Tage. Gott beansprucht für diesen Dienst unsere Zeit. (Psalm 119,147f. 164). Gott hat Zeit gebraucht, ehe er in Christus zum Heil zu uns kam. Er braucht Zeit, ehe er mir zum Heil in mein Herz kommt.

Weil ich Hilfe brauche gegen die unfromme Hast und Unruhe, die auch gerade meine Arbeit als Pfarrer gefährdet. Nur aus der Ruhe des Wortes Gottes kommt der rechte hingebende Dienst des Tages.

Was will ich mit der Meditation?

Wir wollen jedenfalls anders von der Meditation aufstehen als wir uns hinsetzten. Wir wollen ja Christus begegnen in seinem Wort. In der Begierde zu hören, was er uns heute durch sein Wort wissen lassen und schenken will, gehen wir an den Text. Begegne am Tage erst ihm, ehe du anderen Menschen begegnest. Lege jeden Morgen alles, was dich bewegt, beschäftigt und bedrückt, auf ihn, ehe neue Last auf dich gelegt wird. Frage dich, was dich noch hindert, ihm ganz zu folgen, und lass ihn Herr darüber werden, ehe neue Hindernisse sich in den Weg stellen.

Seine Gemeinschaft, seine Hilfe und seine Weisung für den Tag durch sein Wort, das ist das Ziel. So wirst du aufs Neue gestärkt im Glauben den Tag beginnen.

Wie meditiere ich?
Es gibt freie und schriftgebundene Meditation. Um der Gewissheit unseres Gebetes willen raten wir zur schriftgebundenen Meditation. Aber auch um der Zucht unserer Gedanken willen. Schließlich wird auch das Wissen um die Gemeinschaft mit anderen, die den gleichen Text meditieren, uns die Schriftmeditation lieb machen.

Wie das Wort eines lieben Menschen dir den ganzen Tag lang nachgeht, so soll das Wort der Schrift unaufhörlich in dir nachklingen und an dir arbeiten. Wie du das Wort eines lieben Menschen nicht zergliederst, sondern es hinnimmst, wie es dir gesagt ist, so nimm das Wort der Schrift hin und bewege es in deinem Herzen, wie Maria tat. Das ist alles. Das ist Meditation. Suche nicht neue Gedanken und Zusammenhänge im Text wie zur Predigt! Frage nicht: Wie sage ich es weiter, sondern: Was sagt es mir! Dann bewege dieses Wort lange in deinem Herzen, bis es ganz in dich eingeht und Besitz von dir genommen hat.

Es kommt nicht darauf an, jeden Tag den ganzen vorgenommenen Text durchzugehen. Oft werden wir tagelang an einem Wort hängen bleiben. Unverständliche Stellen lass ruhig aus und fliehe nicht in die Philologie. Das griechische Neue Testament hat hier nicht seinen Platz, sondern der vertraute Luthertext.

Wenn die Gedanken beim Meditieren zu nahestehenden Menschen oder zu solchen, um die wir in Sorge sind, gehen, dann verweile dort. Da ist der rechte Ort für die Fürbitte. Bete dann nicht Allgemeines, sondern ganz Besonderes für die dir befohlenen Menschen. Vom Schriftwort lass dir sagen, was du erbitten darfst. Wir dürfen uns auch zur Hilfe ruhig die Namen der Menschen aufschreiben, derer wir täglich gedenken wollen. Auch die Fürbitte fordert ihre Zeit, wenn sie ernst sein soll. Zu gegebener Zeit achte aber darauf, dass die Fürbitte nicht wieder zur Flucht vor dem Wichtigsten wird: Der Bitte um das eigene Seelenheil.

Wir beginnen die Meditation mit dem Gebet um den Heiligen Geist. Mit der Bitte um rechte Sammlung für uns und für alle, von denen wir wissen, dass sie auch meditieren. Dann wenden wir uns zum Text. Am Schluss der Meditation wollen wir so weit sein, dass wir aus vollem Herzen ein Dankgebet sagen können.

Welchen Text und wie lange denselben Text? Es hat sich bewährt, einen Text von ungefähr 10 bis 15 Versen eine Woche lang zu meditieren. Es ist nicht gut, jeden Tag einen anderen Text zu meditieren, da wir nicht immer in gleicher Aufnahmebereitschaft sind und die Texte meistens viel zu groß sind. Keinesfalls aber nimm deinen Predigttext vom nächsten Sonntag. Der gehört in die Predigtmeditation. Es ist eine große Hilfe, wenn eine Bruderschaft sich allwöchentlich um denselben Text gesammelt weiß.

Die Zeit der Meditation liegt morgens vor dem Beginn der Arbeit. Eine halbe Stunde wird die geringste Forderung sein, die eine rechte Meditation an uns stellt. Völlige äußere Ruhe und der Vorsatz, sich durch keinerlei noch so wichtige Dinge ablenken zu lassen, sind selbstverständliche Voraussetzungen.

Eine leider sehr seltene, aber durchaus mögliche Bestätigung christlicher Bruderschaft ist die gelegentliche Meditation zu zweien oder mehreren. Zwischen falscher frommer Redseligkeit und unverbindlicher theologischer Diskussion geht hier ein schmaler Weg.

Wie überwinden wir die Nöte der Meditation?

Wer sich mit großem Ernst der täglichen Übung der Meditation unterzieht, der wird bald in große Schwierigkeiten geraten. Meditieren und beten will lange und mit Ernst geübt sein. Dabei gilt zuerst: Werde nicht ungeduldig mit dir selbst. Verkrampfe dich nicht in Verzweiflung über deine Zerstreutheit. Setz dich aber jeden Tag wieder hin und warte sehr geduldig. Wenn die Gedanken immer wieder fortlaufen, so suche sie nicht krampfhaft zu halten. Es ist kein Schade, sie dann einmal dorthin laufen zu lassen, wohin sie zielen; dann aber nimm den Ort oder den Menschen, zu dem sie gehen, in dein Gebet hinein. So findest du zurück zu deinem Text, und die Minuten solchen Abschweifens sind nicht verloren und quälen nicht mehr.

Mannigfaltig sind die Hilfen, die sich jeder für seine besonderen Schwierigkeiten suchen wird: Immer wieder dasselbe Wort lesen, sich die Gedanken niederschreiben, zeitweilig die Verse auswendig lernen (Man wird zwar jeden wirklich durchmeditierten Text sowieso auswendig können.). Dabei lernen wir aber auch bald die Gefahr kennen, dass wir wieder von der Meditation in die Bibelwissenschaft oder sonstwohin fliehen. Hinter allen Nöten und Arglosigkeiten steht ja im Grunde unsere große Gebetsnot; allzu lange sind da viele von uns ohne jede Hilfe und Anleitung geblieben. Dagegen hilft nichts, als die allerersten Übungen des Gebets und der Meditation treu und geduldig wieder anfangen. Wir wollen uns weiterhin dadurch helfen lassen, dass andere Brüder auch meditieren, dass allezeit die ganze heilige Kirche im Himmel und auf Erden mitbetet. Das ist ein Trost in der Schwachheit des Gebets. Wenn wir wirklich einmal nicht wissen, was wir beten sollen, und darüber ganz verzagen, so wissen wir doch, dass uns der Heilige Geist vertritt mit unaussprechlichem Seufzen.

Wir dürfen von diesem täglichen Umgehen mit der Schrift nicht lassen und müssen gleich damit beginnen, wenn wir es noch nicht taten. Denn wir haben das ewige Leben darin.

Vorlesung Sommersemester 1933, DBW 12, S. 280

Von Christus reden heißt schweigen. Von Christus schweigen heißt reden.

Beten heißt schweigen und schreien zugleich, beides vor Gott im Angesicht seines Wortes.

Gedanken zum Tauftag von Dietrich Wilhelm Bethge,
Mai 1944, DBW 8, S. 435–436

Du wirst heute zum Christen getauft. Alle die alten großen Worte der christlichen Verkündigung werden über dir ausgesprochen und der Taufbefehl Jesu Christi wird an dir vollzogen, ohne dass du etwas davon begreifst. Aber auch wir selbst sind wieder ganz auf die Anfänge des Verstehens zurückgeworfen. Was Versöhnung und Erlösung, was Wiedergeburt und Heiliger Geist, was Feindesliebe, Kreuz und Auferstehung, was Leben in Christus und Nachfolge Christi heißt, das alles ist so schwer und so fern, dass wir es kaum mehr wagen, davon zu sprechen. In den überlieferten Worten und Handlungen ahnen wir etwas ganz Neues und Umwälzendes, ohne es noch fassen und aussprechen zu können. Das ist unsere eigene Schuld. Unsere Kirche, die in diesen Jahren nur um ihre Selbsterhaltung gekämpft hat, als wäre sie ein Selbstzweck, ist unfähig, Träger des versöhnenden und erlösenden Wortes für die Menschen und für die Welt zu sein. Darum müssen die früheren Worte kraftlos werden und verstummen, und unser Christsein wird heute nur in zweierlei bestehen: im Beten und im Tun des Gerechten unter den Menschen. Alles Denken, Reden und Organisieren in den Dingen des Christentums muss neugeboren werden aus diesem Beten und aus diesem Tun. Bis du groß bist, wird sich die Gestalt der Kirche sehr verändert haben. Die Umschmelzung ist noch nicht zu Ende, und jeder Versuch, ihr vorzeitig zu neuer organisatorischer Machtentfaltung zu verhelfen, wird nur eine Verzögerung ihrer Umkehr und Läuterung sein. Es ist nicht unsere Sache, den Tag vorauszusagen – aber der Tag wird kommen –, an dem wieder Menschen berufen werden, das Wort Gottes so auszusprechen, dass sich die Welt darunter verändert und erneuert. Es wird eine neue Sprache sein, vielleicht ganz unreligiös, aber befreiend und erlösend, wie die Sprache Jesu, dass sich die Menschen über sie entsetzen und doch von ihrer Gewalt überwunden werden, die Sprache einer neuen Gerechtigkeit und Wahrheit, die Sprache, die den Frieden Gottes mit den Menschen und das Nahen seines Reiches verkündigt. „Und sie werden sich verwundern und entsetzen über all dem Guten und über all den Frieden, den ich ihnen geben will." (Jeremia 33,9) Bis dahin wird die Sache der Christen eine stille und verborgene sein; aber es wird Menschen geben, die beten und das Gerechte tun und auf Gottes Zeit warten. Möchtest du zu ihnen gehören und möchte es einmal von dir heißen: „Des Gerechten Pfad glänzt wie das

Licht, das immer heller leuchtet bis auf den vollen Tag." (Sprichwörter 4,18)

Aus: Entwurf zur theologischen Grundlegung der Weltbundarbeit, August 1934, DBW 13, S. 297

Die Mächte der Dämonen werden nicht durch Organisation gebrochen, sondern durch Gebet und Fasten (Markus 9,29). Alles andere unterschätzt diese Mächte, versteht sie grundsätzlich naturalistisch-materialistisch. Die Geister der Hölle werden nur durch Christus selbst gebannt. Darum weder Fatalismus noch Organisation, sondern Gebet. [...] Gebet ist stärker als Organisation.

Einführung in die Psalmen 1940, DBW 5, S. 107–109

„Herr, lehre uns beten!" So sprachen die Jünger zu Jesus. Sie bekannten damit, dass sie von sich aus nicht zu beten vermochten. Sie müssen es lernen. Beten lernen, das klingt uns widerspruchsvoll. Entweder ist das Herz so übervoll, dass es von selbst zu beten anfängt, sagen wir, oder es wird nie beten lernen. Das ist aber ein gefährlicher Irrtum, der heute freilich weit in der Christenheit verbreitet ist, als könne das Herz von Natur aus beten. Wir verwechseln dann Wünschen, Hoffen, Seufzen, Klagen, Jubeln – das alles kann das Herz ja von sich aus – mit Beten. Damit aber verwechseln wir Erde und Himmel, Mensch und Gott. Beten heißt ja nicht einfach das Herz ausschütten, sondern es heißt, mit seinem erfüllten oder auch leeren Herzen den Weg zu Gott finden und mit ihm reden. Das kann kein Mensch von sich aus, dazu braucht er Jesus Christus.

Die Jünger wollen beten, aber sie wissen nicht, wie sie es tun sollen. Das kann eine große Qual werden, mit Gott reden wollen und es nicht können, vor Gott stumm sein müssen, spüren, dass alles Rufen im eigenen Ich verhallt, dass Herz und Mund eine verkehrte Sprache sprechen, die Gott nicht hören will. In solcher Not suchen wir Menschen, die uns helfen können, die etwas vom Beten wissen. Wenn uns einer, der beten kann, in sein Gebet mit hineinnähme, wenn wir sein Gebet mitbeten dürften, dann wäre uns geholfen! Gewiss können uns erfahrene Christen hier viel helfen, aber sie können es auch nur durch den, der ihnen selbst helfen muss und zu dem sie uns weisen, wenn sie rechte Lehrer im Beten sind, durch Jesus Christus. Wenn er uns mit in sein Gebet hineinnimmt, wenn wir sein Gebet mitbeten dürfen, wenn er uns auf seinem Wege zu Gott mit hinaufführt und uns beten lehrt, dann sind wir von der Qual der Gebetslosigkeit befreit. Das aber will Jesus Christus. Er will mit uns beten, wir beten sein Gebet mit und dürfen darum gewiss und froh sein, dass Gott uns hört. Wenn unser Wille, unser ganzes Herz eingeht in das Gebet Christi, dann beten wir recht. Nur in Jesus Christus können wir beten, mit ihm werden auch wir erhört.

So müssen wir also beten lernen. Das Kind lernt sprechen, weil der Vater zu ihm spricht. Es lernt die Sprache des Vaters. So lernen wir zu Gott sprechen, weil Gott zu uns gesprochen hat und spricht. An der Sprache des Vaters im Himmel lernen seine Kinder mit ihm reden. Gottes eigene Worte nachsprechend, fangen wir an, zu ihm zu beten. Nicht in der falschen und verworrenen Sprache unseres Herzens, sondern in der klaren und reinen Sprache, die Gott in Jesus Christus zu uns gesprochen hat, sollen wir zu Gott reden und will er uns hören.

Gottes Sprache in Jesus Christus begegnet uns in der Heiligen Schrift. Wollen wir mit Gewissheit und Freude beten, so wird das Wort der Heiligen Schrift der feste Grund unseres Gebetes sein müssen. Hier wissen wir, dass Jesus Christus, das Wort Gottes, uns beten lehrt. Die Worte, die von Gott kommen, werden die Stufen sein, auf denen wir zu Gott finden.

Nun gibt es in der Heiligen Schrift ein Buch, das sich von allen anderen Büchern der Bibel dadurch unterscheidet, dass es nur Gebete enthält. Das sind die Psalmen. Es ist zunächst etwas sehr Verwunderliches, dass es in der Bibel ein Gebetbuch gibt. Die Heilige Schrift ist doch Gottes Wort an uns. Gebete aber sind Menschenworte. Wie kommen sie daher in die Bibel? Wir dürfen uns nicht irremachen lassen: Die Bibel ist Gottes Wort, auch in den Psalmen. So sind also die Gebete zu Gott – Gottes eigenes Wort? Das scheint uns schwer verständlich. Wir begreifen es nur, wenn wir daran denken, dass wir das rechte Beten allein von Jesus Christus lernen können, dass es also das Wort des Sohnes Gottes, der mit uns Menschen lebt, an Gott den Vater ist, der in der Ewigkeit lebt. Jesus Christus hat alle Not, alle Freude, allen Dank und alle Hoffnung der Menschen vor Gott gebracht. In seinem Munde wird das Menschenwort zum Gotteswort, und wenn wir sein Gebet mitbeten, wird wiederum das Gotteswort zum Menschenwort. So sind alle Gebete der Bibel solche Gebete, die wir mit Jesus Christus zusammen beten, in die er uns hineinnimmt und durch die er uns vor Gottes Angesicht trägt, oder es werden keine rechten Gebete; denn nur in und mit Jesus Christus können wir recht beten.

Wenn wir daher die Gebete der Bibel und besonders die Psalmen lesen und beten wollen, so müssen wir nicht zuerst danach fragen, was sie mit uns, sondern was sie mit Jesus Christus zu tun haben. Wir müssen fragen, wie wir die Psalmen als Gottes Wort verstehen können, und dann erst können wir sie mitbeten. Es kommt also nicht darauf an, ob die Psalmen gerade das ausdrücken, was wir gegenwärtig in unserem Herzen fühlen. Vielleicht ist es gerade nötig, dass wir gegen unser eigenes Herz beten, um recht zu beten. Nicht was wir gerade beten wollen, ist wichtig, sondern worum Gott von uns gebeten sein will. Wenn wir auf uns allein gestellt wären, so würden wir wohl auch vom Vaterunser oft nur die vierte Bitte beten. Aber Gott will es anders. Nicht die Armut unseres Herzens, sondern der Reichtum des Wortes Gottes soll unser Gebet bestimmen.

Wenn also die Bibel auch ein Gebetbuch enthält, so lernen wir daraus, dass zum Worte Gottes nicht nur das Wort gehört, das er uns zu sagen hat, sondern auch das Wort, das er von uns hören will, weil es das Wort seines lieben Sohnes ist. Das ist eine große Gnade, dass Gott uns sagt, wie wir mit ihm sprechen und Gemeinschaft haben können. Wir können es, indem wir im Namen Jesu Christi beten. Dazu sind uns die Psalmen gegeben, dass wir sie im Namen Jesu Christi beten lernen.

Auf die Bitte der Jünger hat Jesus ihnen das Vaterunser gegeben. In ihm ist alles Beten enthalten. Was in die Bitten des Vaterunsers eingeht, ist recht gebetet, was in ihnen keinen Raum hat, ist kein Gebet. Alle Gebete der Heiligen Schrift sind im Vaterunser zusammengefasst. Sie werden in seine unermessliche Weite aufgenommen. Sie werden also durch das Vaterunser nicht überflüssig gemacht, sondern sie sind der unerschöpfliche Reichtum des Vaterunsers, wie das Vaterunser ihre Krönung und Einheit ist. Vom Psalter sagt Luther: „Es ist durchs Vaterunser und das Vaterunser durch ihn also gezogen, dass man eins aus dem andern sehr fein verstehen kann und lustig zusammenstimmen." So wird das Vaterunser zum Prüfstein dafür, ob wir im Namen Jesu Christi beten oder im eigenen Namen. Es hat darum guten Sinn, wenn der Psalter in unser Neues Testament meist mit hineingebunden wird. Er ist das Gebet der Gemeinde Jesu Christi, er gehört zum Vaterunser.

Aus: Nachfolge. Die Verborgenheit des Gebets 1937, DBW 4, S. 158f.

Das rechte Gebet ist nicht ein Werk, eine Übung, eine fromme Haltung, sondern es ist die Bitte des Kindes zum Herzen des Vaters. Darum ist das Gebet niemals demonstrativ, weder vor Gott, noch vor uns selbst, noch vor anderen. Wüsste Gott nicht, wessen ich bedarf, dann müsste ich darüber reflektieren, *wie* ich es Gott sage, *was* ich ihm sage, *ob* ich es ihm sage. So schließt der Glaube, aus dem ich bete, jede Reflexion, jede Demonstration aus.

Das Gebet ist das schlechthin Verborgene. Es ist der Öffentlichkeit in jeder Weise entgegengesetzt. Wer betet, kennt sich selbst nicht mehr, sondern nur noch Gott, den er anruft. [...] Das Wort ist gefallen: Mein eigner Wille, mit meinem Gebet irgendwie mich selbst durchzusetzen, muss sterben, getötet werden.

Predigt London, 1. Januar 1934, DBW 13, S. 344–346

ANDACHT ZU LUKAS 9,57–62

„Der Weg zur Hölle ist mit guten Vorsätzen gepflastert" – dieses Sprichwort, das sich in den verschiedensten Ländern findet, entspringt nicht der frechen Weltklugheit eines Unverbesserlichen, sondern hier enthüllt sich tiefe christliche Einsicht. Wer an der Jahreswende nichts Besseres zu tun weiß, als sich ein Register begangener Schlechtigkeiten anzulegen und den Beschluss zu fassen, von nun an – wie viele solche „von nun an" hat es schon gegeben! – mit besseren Vorsätzen anzufangen, der steckt noch mitten im Heidentum. Denn *erstens* meint ein solcher, der gute Vorsatz mache schon den neuen Anfang, d. h. er meint, er könne von sich aus einfach einen neuen Anfang machen, wann er es gerade wolle. Und das ist eine böse Täuschung; einen neuen Anfang macht allein Gott mit dem Menschen, wenn es Ihm gefällt, aber nicht der Mensch mit Gott. Einen neuen Anfang kann der Mensch darum überhaupt nicht machen, sondern er kann nur darum beten. Wo der Mensch bei sich selbst ist und aus sich heraus lebt, da ist immer nur das Alte, das Vergangene. Allein wo Gott ist, ist das Neue und der Anfang. Und Gott kann man nicht kommandieren, man kann um ihn nur beten. Aber beten kann der Mensch nur, wenn er begreift, dass er etwas nicht kann, dass er an seiner Grenze ist, dass ein anderer anfangen muss. *Zweitens* aber merkt der Mensch, der allein von seinen guten Vorsätzen leben will, gar nicht, woher diese eigentlich kommen. Da gilt es scharf hinzusehen. Unsere sogenannten guten Vorsätze sind ja nichts als Angstprodukte eines schwachen Herzens, das sich vor allerlei Schlechtigkeiten, Sünden fürchtet und sich nun mit sehr menschlichen Waffen rüstet, um gegen diese Gewalten anzugehen. Wer aber Angst hat vor der Sünde, der ist schon mitten drin. Die Angst ist das Netz, das uns der Böse überwirft, damit wir uns verstricken und alsbald zu Fall kommen. Wer Angst hat, ist schon gefallen. Wen auf einer schwierigen Bergbesteigung plötzlich die Angst überfällt, der strauchelt gewiss.

Also mit solchen ängstlichen guten Vorsätzen ist es nichts. So kommen wir bestimmt zu keinem neuen Anfang. Der Weg zur Hölle ist mit guten Vorsätzen gepflastert.

Wie finden wir einen neuen Anfang? Unser Text berichtet zunächst von einem offenbar für Jesus Christus begeisterten jungen Mann, der vielleicht schon lange auf die Gelegenheit gewartet hatte, seiner Begeisterung Ausdruck zu geben. Jetzt kommt Jesus in die Stadt, der Begeisterte eilt ihm entgegen, tritt ihm in den Weg: Ich will dir folgen, wo du hingehst. Er selbst will den Anfang machen, er bietet sich an, in glühender Hingabe meint er, für diesen Mann alles tun, alles lassen zu können. Aber Jesus wehrt ab. Ihm ist diese Begeisterung verdächtig. Weißt du auch, was du tust? Weißt du auch, wer ich bin? Weißt du auch, wohin mein Weg dich führen würde? Weißt du auch, dass man sich mir nicht aus Begeisterung an den Hals wirft, sondern dass ich festen unerschütterlichen Glauben brauche, der sich allein an meinen Ruf hält? Habe ich dich gerufen? Kommst du allein auf meinen Ruf? Du willst von Neuem anfangen, du Begeisterter, bedenke, was du tust, bedenke, mit wem du es wagst, bedenke, dass es von der Begeisterung zur Verlegenheit nur ein Schritt ist!

Den Zweiten in unserer Geschichte ruft Jesus selbst an; der lebt ganz im Vergangenen, hängt irgendeinem großen Schmerz nach, den er nicht vergessen kann, hat keine Zukunftsfreudigkeit mehr; er möchte in der Welt der Toten, im Vergangenen dahindämmern. Den ruft Christus heraus. Er zögert, er will noch einmal zurück. „Lass die Toten ihre Toten begraben" – lass das Vergangene dahinten, werde frei – jetzt oder nie. Christus ruft dich zu neuem Anfang, auf ihn allein wage es – aber nun gleich, heute noch, Christus zieht weiter – geh mit ihm, auf seinen Ruf, jetzt!

Der Dritte wäre wohl gern mitgegangen. Er meint es ernst, und eben darum kann er ja wohl seinem Anerbieten, Jesus nachzufolgen, eine kleine Bedingung anhängen. „Erlaube mir zuvor ..." „Ich will ja gewiss, aber, nicht wahr, du verstehst Herr, noch dieses und jenes „zuvor". Nein, er versteht nicht, will nicht verstehen. „Wer seine Hand an den Pflug legt ..."; nicht zurück, aber auch nicht in unübersehbare Fernen schaut der Mann, der den Pflug führt, sondern auf den nächsten Schritt, den er tun muss. Rückblicke sind keine christliche Sache. Lass dahinten Angst, Kummer, Schuld. Du aber sieh auf den, der dir einen neuen Anfang gegeben. Über ihm vergisst du alles.

Das nächste Jahr wird kein Jahr ohne Angst, Schuld, Not sein. Aber – dass es in aller Schuld, Angst, Not ein Jahr mit Christus sei, dass unserm Anfang mit Christus eine Geschichte mit Christus folge, die ja nichts ist als ein tägliches Anfangen mit ihm – darauf kommt es an.

Das Ende der Angst

In mir ist es finster, aber bei dir ist Licht
ich bin einsam, aber du verlässt mich nicht
ich bin kleinmütig, aber bei dir ist die Hilfe
ich bin unruhig, aber bei dir ist Frieden
in mir ist Bitterkeit, aber bei dir ist die Geduld
ich verstehe deine Wege nicht,
aber du weißt den rechten Weg für mich.

Dietrich Bonhoeffer, Weihnachten 1943, DBW 8, S. 204

Brief an Mitbrüder, Januar 1938, DBW 15, S. 24

Wenn nur Gottes Wort bei uns war, so wollten wir uns nicht mehr fürchten und um die Zukunft sorgen. Mit diesem Wort wollten wir durch Kampf, durch Leiden, durch Armut, durch Sünde und durch Sterben endlich in Gottes ewiges Reich gelangen.

Predigt, 15. Januar 1933, DBW 12, S. 439–447

PREDIGT ZU MATTHÄUS 8,23–27

Überwindung der Furcht – das wird hier verkündigt. Die Bibel, das Evangelium, Christus, die Kirche, der Glaube – sie alle sind ja das eine große Kriegsgeschrei gegen die Furcht im Leben der Menschen. Die Furcht – das ist irgendwie der Urfeind selbst. Die Furcht sitzt dem Menschen im Herzen. Sie höhlt ihn innerlich aus, bis er plötzlich widerstandslos und machtlos zusammenbricht. Sie zerfrisst und zernagt heimlich alle Fäden, die den Menschen mit Gott und den anderen verbinden, und wenn der Mensch in seiner Not sich an sie klammern will, dann zerreißen sie, und hilflos und verzweifelt sinkt der Mensch unter dem Gelächter der Hölle in sich selbst zurück. Und nun grinst ihn die Furcht unverhohlen an und sagt zu ihm: Jetzt sind wir beide allein, du und ich, nun zeige ich dir erst mein wahres Gesicht. Und wem sich einmal die nackte Furcht enthüllt hat, wer ihr einmal in schauriger Einsamkeit verfallen war – der Furcht vor einer großen Entscheidung, der Furcht vor einem schweren Schicksal, einer Berufsnot, einer Krankheit, der Furcht vor einem Laster, dem der Mensch keinen Widerstand mehr leisten kann, das ihn knechtet, der Furcht vor Schande, der Furcht vor einem anderen Menschen, der Furcht vorm Sterben – der weiß, dass die Furcht nur eine Larve des Bösen selbst ist, dass sie eine Gestalt ist, in der die gottfeindliche Welt nach ihm greift. Nichts vermag dem Menschen die Wirklichkeit gottfeindlicher Mächte in unserem Leben so spürbar zu machen wie diese Einsamkeit, diese Hilflosigkeit, dieser Nebel, der sich über alles verbreitet, die Ausweglosigkeit und diese rasende Erregung, in der man aus dieser höllischen Hoffnungslosigkeit heraus will. Habt ihr einmal einen Menschen gesehen, den die Furcht gepackt hatte? Grauenvoll beim Kind, grauenhafter noch beim Erwachsenen: diese Starre des Blicks, dieses tierische Erbeben, diese flehentliche Abwehr. Der Mensch wird durch die Furcht entmenscht. So sieht nicht ein Geschöpf Gottes aus, so sieht der Teufelsmensch, die geknechtete, zerstörte, kranke Kreatur aus. Aber der Mensch soll sich nicht fürchten, wir sollen uns nicht fürchten! Das ist der Unterschied des Menschen von aller Kreatur, dass er in aller Ausweglosigkeit, Unklarheit und Schuld um eine Hoffnung weiß und diese Hoffnung heißt: Dein Wille geschehe, ja, dein Wille geschieht. „Alles vergehet, Gott aber stehet ohn alles Wanken, seine Gedanken, sein Wort und Wille hat ewigen Grund.“ Und fragst du: Woher weißt du das?, so nennen wir den Namen dessen, vor dem der Böse in uns zusammenzuckt, vor dem Furcht und Angst sich fürchten müssen, vor dem sie zittern und die Flucht ergreifen, den Namen dessen, der allein die Furcht überwand und sie im Triumphzug gefangen führte und ans Kreuz schlug und der Nichtigkeit anheimgab, den Namen dessen, der das Siegesgeschrei der von der Furcht des Todes erlösten Menschheit ist – Jesus Christus, der Gekreuzigte und Lebendige. Er allein ist der Herr der Furcht, sie kennt ihn als ihren Herrn, ihm allein weicht sie. Darum seht auf ihn in eurer Furcht, denkt an ihn, stellt ihn euch vor Augen, ruft ihn, betet zu ihm, glaubt, dass er jetzt bei euch ist und hilft ... Dann wird die Furcht verblassen und weichen und ihr werdet frei sein im Glauben an den starken und lebendigen Heiland Jesus Christus.

Da geht ein Schiff durch die Wellen. Es ist ein harter Kampf. Der Sturmwind wird immer heftiger. Das Boot ist klein, ein Spielzeug der Wellen, der Himmel ist schwarz, die Kräfte versagen. Da packt es den ersten ... Wer? Was? ... Er weiß es selbst nicht. Aber es ist einer ins Boot gekommen, der vorher nicht drin war. Nun tritt er ganz nah an ihn heran und er legt seine kalten Hände auf seine wild am Ruder ziehenden Arme – und er spürt, die Muskeln sind ihm wie gelähmt, die Kräfte verlassen ihn, und jetzt greift der Unbekannte ihm nach seinem Herzen, nach seinem Gehirn und entzaubert ihm die seltsamsten Bilder, da sieht er seine Familie, seine weinenden Kinder. Was soll aus ihnen werden, wenn er nicht mehr ist? Plötzlich ist es ihm, als wäre er wieder an jenem Orte, an den ihn einst der Böse getrieben hatte, an dem er dem Bösen in langer Fron gedient hatte, und er sieht all die Gesichter seiner damaligen Genossen im Bösen, er sieht den Nachbarn, den er noch gestern mit einem bösen Wort tief verletzt hatte. Plötzlich sieht und hört er gar nichts mehr, er kann nicht mehr rudern, es packt ihn eine Welle, und wie im letzten Hilfeschrei stößt er es aus: Wer bist du, Unbekannter im Schiff? Und der antwortet: Ich bin die Furcht. Und nun dringt der Schrei durch das ganze Boot: Die Furcht ist im Schiff, und alle Arme sinken gebannt und gelähmt, es ist alle Hoffnung dahin, die Furcht ist im Schiff. Da ist es, als ob alle Himmel zerrissen, als ob die himmlischen Heerscharen selbst das Siegesgeschrei anstimmten, in all die Hoffnungslosigkeit hinein: Christus ist im Schiff, Christus ist im Schiff und kaum, dass dies Wort gerufen und vernommen ist, da weicht die Furcht, die Wellen beben zurück. Das Meer wird ganz still und das Boot liegt auf ruhiger See. Christus war im Schiff!

Waren nicht auch wir mit auf jener Fahrt und war nicht der Ruf: Christus ist im Schiff, auch einmal unsere Rettung? Und sind wir nun nicht doch – eigentümlicherweise – alle schon wieder auf der Fahrt, auf jener Fahrt ohne Glauben, ohne Hoffnung, erdrückt, gefesselt, geknechtet, gelähmt von der Furcht, mutlos, freudlos, bleierne Schwere in den Gliedern – jeder kennt und weiß das Seine? Vielleicht, oder sogar wahrscheinlich, wissen wir schon gar nicht mehr recht, was mit uns geschehen ist, wir haben uns schon so an diesen Zustand gewöhnt, dass wir ihn wie etwas Selbstverständliches hinnehmen, ja dass wir all den Jammer um uns herum und bei uns fast liebgewonnen haben. Was hätten wir dann noch zu tun, wenn wir nicht einmal mehr jammern könnten? Und dies eben ist das Schlimmste an allem, dass wir schon gar nicht mehr da heraus wollen. Das ist der letzte Triumph der Furcht über uns, dass wir uns fürchten, ihr zu entfliehen, dass wir uns ihr sklavisch unterwerfen. Die Furcht hat über uns gesiegt und sie geht unter uns um in verschiedensten Gestalten; da sind die einen, die stumpf und unempfindlich geworden sind, die nur noch dumpf und verbissen vor sich hinbrüten und von einem Tag zum anderen leben, weil sie selbst zum Selbstmord zu stumpf geworden sind. Da sind die andern, die sich laut fürchten, die ihre Furcht vor jedem Menschen in Gestalt eines Jammergeheuls ausschütten, da sind wieder ganz andere, die meinen, sie könnten sich ihre Furcht durch große Worte und kühne Fantasien vertreiben, und das mag, wenn diese Worte laut genug geschrieen werden, ja auch für einige Zeit zu gelingen scheinen. Aber der Wissende erkennt in solchen Tönen nur wieder die grässliche Macht der Furcht. Die Furcht ist im Schiff, in Deutschland, in unserem eigenen Leben und in diesem Kirchenschiff – die nackte Furcht vor der nächsten Stunde, vor dem Morgen und Übermorgen, darum werden wir stumpf, darum jammern wir, darum berauschen wir uns an dem und jedem – was ist denn der Sylvesterspuk und Rausch anderes als die große Furcht vor dem Neuen, Zukünftigen? Die Furcht sitzt dem Menschen im Nacken.

Wer wollte hier hochmütig sein, als ob ihn dies alles nichts anginge, als ob er das alles nicht begreifen könne, das müsste kein Mensch sein, der nicht begriffe, warum sich die Menschheit der Welt heute fürchten muss.

Aber seht, nun ist mitten in dieser Welt der Furcht ein Ort für alle Zeiten bestimmt, der die ganz eigentümliche und der Welt unbegreifliche Aufgabe hat, den Menschen immer neu, immer wieder, ganz monoton das eine zuzurufen: Die Furcht ist überwunden, fürchtet euch nicht; in der Welt habt ihr Angst, aber seid getrost; ich habe die Welt überwunden. Ihr Kleingläubigen, warum seid ihr so furchtsam? Christus ist im Schiff! Und dieser Ort, an dem so geredet wird und werden soll, das ist die Kanzel in der Kirche. Von der Kanzel aus will der lebendige Christus selbst zu der Welt reden, dass für den, bei dem er einkehrt, die Furcht versinkt, dass er in ihm die Furcht überwindet. Ihr Kleingläubigen, warum seid ihr so furchtsam? Wir müssen die ganze Enttäuschung und die ganze Liebe Jesu Christi zu seinen Jüngern aus diesen Worten heraushören. Wisst ihr es immer noch nicht, dass ihr in Gottes Hand seid, dass, wo ich bin, Gott ist? Warum seid ihr so furchtsam, seid mutig, stark, fest, mannhaft, sicher, gewiss, zittert nicht. Lasst den Kopf nicht hängen, klagt nicht über die schlechten Zeiten ... Ich bin im Schiff. Er ist auch in diesem Kirchenschiff. So hört ihn doch und glaubt ihm doch.

Und nun sind wir doch wohl hierher gekommen, weil wir nun doch irgendwie wissen, dass etwas in unserem Leben anders werden muss, und weil wir meinen, die Kirche könne uns da vielleicht irgendwie helfen. Wir spüren, wie gering, wie ärmlich, wie kleinlich, wie kurzsichtig unser Leben gegenwärtig ist. Wir sehen alle nur unsere eigenen Sorgen und Schwierigkeiten und sehen die tausendmal größeren des andern nicht mehr. Unsere Dinge kommen uns so riesengroß und unendlich wichtig vor und wir sind stumpf gegen alles andre. Und das hat die Furcht in uns angerichtet. Und nun spüren wir, wir können diese Enge nicht länger ertragen, wir ersticken darin und in dieses Ahnen und Fragen hinein dringt der Ruf der Kirche: Uns fehlt nur eines. Das ist der Glaube, dass Gott der Allmächtige unser Vater und unser Herr ist. Dass vor ihm unsere größten Sorgen wie die Sorgen der kleinen Kinder vor ihren Eltern sind, dass er die Dinge fügen kann und herumwerfen in einem Nu – dass sie leicht sind für ihn und gar nicht schwer, aber dass für ihn tausend Jahre ein Tag sind, dass seine Gedanken höher sind als unsere Gedanken, dass er trotz allem bei uns ist. Lassen wir uns wieder einmal zurufen von der Kirche: Ihr Kleingläubigen, warum seid ihr so furchtsam? Mitten im Sturm ist Christus im Schiff. Weiche, Furcht! Erscheine, Herr Jesus, starker Helfer, Heiland!

Aber nun kommt das Heer der Einwände und Ausflüchte. Wir sagen: Wir wollten ja gern glauben, aber wir können es einfach nicht mehr. Das Elend ist zu groß. Ach, lasst uns diese Rede nicht zu ernst nehmen. Ihr könnt nicht glauben? Nun, wir können es auch nicht. Ihr wollt glauben? – nun dann glaubt ihr ja schon, in einer Weise, vielleicht noch schwach, noch im Anfang, vielleicht aber tausendmal stärker als mancher andere, der glauben zu können meint. Seht doch gar nicht auf euren starken oder schwachen Glauben, sondern allein auf ihn, dem ihr glaubt, und sprecht zu ihm: Herr, stärke uns den Glauben!

Wir sagen: Es ist nicht das Elend, das uns schreckt, es ist unsere eigene Sünde, vor der wir Angst haben; und vor ihr müssen wir doch Angst haben, sonst überfällt sie uns! Das klingt wieder einmal so richtig und ist doch nichts als eine Finte der Furcht selbst. Nein, es ist ja nicht wahr, dass wir Angst haben müssen vor der Sünde, sondern wer Angst hat, ist schon mitten drin. Die Angst ist das Fangnetz des Bösen. Erst macht er uns Angst, verwirrt, und dann gehören wir ihm. Nicht Angst, sondern Mut, Mut ... Wie kann man auch dem Feind mit Angst im Herzen begegnen. Ihr Kleingläubigen, warum seid ihr so furchtsam? Ist Gott nicht größer als eure Sünde? Lasst ihn stark werden in euch, dann ist die Sünde gefällt. Glaubt ihm ... Herr, stärke uns den Glauben!

Und nun schließlich kommen die ganz Betrübten, die ganz Verzagten mit der Frage: Ist nicht unsere Zeit vorüber, sind die Jahre der Katastrophen und [des] totalen Niedergangs und Zusammenbrechens, ist nicht das von keinem Menschen mehr übersehbare Chaos unseres Lebens im Großen und im Kleinen das Zeichen dafür, dass Gott uns fallen gelassen hat? Gott will uns nicht mehr. Er hat seine Barmherzigkeit von uns gezogen, Gott ist uns feind; und wir müssen uns darein fügen. Wir dürfen uns nicht mehr an ihn halten, er will nicht mehr. Das ist die Stimme aus der tiefsten Tiefe, aus der Verzweiflung. Und hier hilft nur eines und das tut die Kirche nun an jedem von uns, der so denkt und empfindet: das Kreuz nehmen und uns vor Augen halten und dazu fragen: Hat Gott den verlassen? Und wie er ihn nicht verlassen hat, so lässt er uns auch nicht. Erkennt doch dies Zeichen in eurem eigenen Leben. Erkennt und versteht doch die Stunde des

Sturmes und des Untergangs. Sie ist die Stunde der unerhörten Nähe Gottes und gerade nicht der Ferne. Dort, wo alle andere Sicherheit bricht und stürzt, wo uns eine Lebensstütze nach der anderen weggezogen wird, vernichtet wird, wo wir entsagen lernen müssen, dort geschieht das ja alles nur, weil Gott im Anzug ist und weil er uns nun allein Stütze und Gewissheit sein will. Er zerbricht unser Leben, er lässt es an allen Enden scheitern, in Schicksal und in Schuld, und in eben diesem Scheitern wirft er uns ganz allein zurück auf sich selbst, auf Gott, will er uns zeigen: Dort, wo du alles fahren lässt, wo du alle eigene Sicherheit verlierst und preisgeben musst, dort bist du ganz frei für Gott und ganz geborgen in ihm. Dass wir doch die Stunden der Heimsuchung und Anfechtung, die Stunden auf hohem Meer in unserem Leben so recht verstehen möchten! Gott ist ihnen nah, nicht fern, unser Gott ist im Kreuz.

Das Kreuz ist das Zeichen, in dem alle falsche Sicherheit in unserem Leben gerichtet und der Glaube an Gott allein aufgerichtet ist. Seid mutig, seid mannhaft, seid sicher, seid gewiss – so hieß es. Jawohl, aber es kommt alles darauf an, dass hier nicht noch zuletzt ein furchtbares Missverständnis entsteht. Es gibt auch falschen Mut, falsche Sicherheit ... und diese falsche Sicherheit ist selbst nur die raffinierteste Vermummung der Furcht. Seht auf unsere Geschichte!

Als die Jünger ins Schiff stiegen, da schienen sie ganz sicher zu sein, sie schienen keine Furcht zu haben. Warum waren sie sicher? Sie sahen auf den schönen glatten See und waren ganz ruhig und sorglos. Aber mit zunehmendem Wind und Wellenschlag verlor sich ihre Ruhe und wuchs die Furcht. Angstvoll sahen sie auf das wilde Meer. Hier lag ihre Sicherheit und von hier aus nun brach die Furcht gegen sie vor. Von Jesus wird erzählt, dass er schlief. Nur der Glaube kann sorglos schlafen – darum ist der Schlaf eine Erinnerung an das Paradies – der Glaube hat seine Sicherheit allein in Gott. Die Jünger konnten nicht schlafen, ihre Sicherheit war dahin, sie hatten allen Halt verloren, es war die falsche Sicherheit gewesen, sie war nur ein anderes Gewand der Furcht. Solche

Sicherheit überwindet die Furcht nicht – sie ist bald gebrochen, das tut allein der Glaube, der alle falschen Sicherheiten hinter sich lässt, stürzen und brechen lässt. Der Glaube, der nicht an sich selbst, nicht an das günstige Meer, an die Gunst der Verhältnisse, nicht an die eigene Kraft, nicht an anderer Menschen Kraft, sondern allein, ganz allein an Gott glaubt, ob es stürmt oder nicht, der einzige Glaube, der nicht Aberglaube ist, der nicht wieder in die Furcht führt, sondern der frei macht von der Furcht. Herr, stärke uns Kleingläubigen diesen Glauben!

Aber nun gilt auch das Andere. Wo Christus im Schiff ist, da beginnt es immer zu stürmen. Da greift die Welt mit allen bösen Mächten nach ihm, sie will ihn mit seinen Jüngern vernichten, sie empört sich gegen ihn, sie hasst ihn. Das muss der Christ wissen. Kein Mensch muss durch so viel Angst und Furcht hindurch wie der Christ. Aber das darf ihn nicht verwundern, denn Christus ist der Gekreuzigte und ungekreuzigt kommt kein Christ zum Leben. So wird er es mit Christus zusammen leiden und durchmachen, aber er wird immer auf den sehen, der mit ihm im Schiff [ist] und alsbald aufstehen kann und das Meer bedrohen, dass es ganz still wird.

Aber nun scheint es ja wahr zu sein, was ihr alle gewiss längst innerlich einwenden wollt, solch wunderbare Taten tut Christus heute nicht mehr. Er ist so seltsam verborgen, dass wir oft denken, er sei gar nicht mehr da! Liebe Brüder, was wissen wir von dem, was Christus noch heute Abend an uns tun kann und will – wenn wir nur recht zu ihm rufen, wenn wir rufen: Herr hilf, wir verderben! Das war gewiss Furcht, aber es war Glaube in der Furcht, der weiß, wo die Hilfe allein herkommt. Es gibt keine Wunder mehr, sagen wir! ... Aber was weißt du und ich davon? ... Wir werden uns noch schämen müssen, wenn Gott uns einst seine Taten sehen lässt.

Und sie verwunderten sich und sprachen ... Die Verwunderten verstehen wir gut. Was ist das für ein Mensch, dem die Furcht weicht, der die Furcht im Leben der Menschen überwindet, der ihr die Macht nimmt? Aber schon in dieser Frage beugen wir die

Knie, und beten zu ihm, zeigen auf ihn, den Mann voller Wunder, und sagen: Das ist Gott! Amen.

Taufpredigt, Oktober 1932, DBW 11, S. 463–466

TAUFANSPRACHE ZU EPHESER 5,14

Diese erste Begegnung eures Kindes mit der alten Kirche Christi hat nicht nur die symbolische Bedeutung, dass darin der Zusammenhang mit den Vätern, *deren* Leben durch die christliche Kirche irgendwie entscheidend gestaltet war, bejaht würde. Sie ist nicht nur der Ausdruck für den Wunsch der Eltern, ihr Kind in diesen Lebenszusammenhang hineinzustellen, weil da gewisse Werte, wenn auch noch so schwach und entstellt vorhanden wären, die man diesem Kinde für sein Leben übermitteln möchte. Diese erste Begegnung ist vielmehr ein Geschehen, das über all unser Wünschen und Tun schlechthin hinausgeht, ein Geschehen völlig anderer Ordnung, ein Geschehen nicht vom Menschen her, sondern von Gott her. Die Tradition und die Werte – auch und gerade unsere sogenannten christlichen Traditionen und Werte – zerbrechen. Das wird dieses Kind in noch viel stärkerem Maße miterleben als wir. Gott allein bleibt in Ewigkeit.

Er selbst zerbricht und baut auf, wie Er will, auch seine Kirche. Es gibt keine Sicherung des Menschen vor der Zukunft, vor Gott. Auch die alte Kirche und ihre Christlichkeit ist keine solche Sicherung des Menschen. Denn die Zukunft – auch dieses Kindes und auch dieser Kirche – gehört Gott allein. Was er gibt und was er nimmt, was er diesem Kinde geben wird und was er ihm nehmen wird, ist sein unbegreiflicher, unvorherwissbarer Wille, gegen den wir uns nicht schützen können – aber auch nicht schützen sollen. Dem Willen Gottes sich ganz preisgeben, ihn allein den Herrn sein lassen und keinen anderen neben ihm, keinen Götzen unserer Wünsche – und mögen es die idealsten, sittlichsten, religiösesten sein. Gott Gott sein lassen, darum geht es in der Verkündigung der Kirche Christi. Dass Gott allein diesem Kind in Ewigkeit Gott sein will, das ist seine Barmherzigkeit, die die Kirche diesem Kinde heute zuspricht.

Und nun ruft die Kirche Christi, sie redet zu diesem Kind, das ihre Sprache noch nicht versteht. Aber sie redet von dem ewigen Willen Gottes zum Leben, der über Verstehen und Nichtverstehen hinausgeht, vor dem wir alle wie die Kinder sind. Wach auf, der du schläfst, steh auf von den Toten. Es ist das schaffende Wort Gottes selbst, das dieses Kind durch die Kirche zum Wachsein, zum Leben vor Gott ruft.

Nicht schlafen, sondern Wachsein soll der Mensch. Wachsein heißt nüchtern sein, nicht in Träumen und Wünschen leben, sondern in der hellen Wirklichkeit. Wachsein heißt den Tag und sein Werk lieben. Es heißt ohne Illusionen sein, weil die Illusionen uns die Welt vergötzen und den Blick auf den einen Gott, von dem man sich keine Götzen machen soll, verschleiern und uns die Welt in den Farben unserer eigenen Wünsche und Vorurteile sehen lassen. Wachsein heißt die Welt sehen, wie sie vor Gott ist, ohne zu richten. Wachsein heißt offen sein, bereit sein für die Zukunft, ihr ins Auge sehen und sich nicht fürchten. Es heißt den hellen Tag Gottes sehen, wie er ist; seine Schöpfung und sein Werk lieben, aber zugleich die Leiden der Kreatur, die Not und die Hilflosigkeit des anderen Menschen sehen, seinen Anspruch vernehmen, auch dort, wo er unausgesprochen bleibt; und [es heißt,] um die ewige Schuld wissen.

Dies Wachsein kann sich der Mensch selbst nicht geben. Es ist nicht das schlaue, hinterhältige Wachsein des Menschen für das Böse am anderen und das Gute an ihm selbst. Sondern zu diesem Wachsein muss Gott den Menschen rufen, so wie auf jenem Bild der an der frischen Erde schlafende Adam durch die Berührung mit Gott allein zum Wachsein gerufen wird, zum Leben vor Gott. Wachsein heißt leben vor Gott. Wachsein heißt: vor Gott allein leben, weil er allein der Unsterbliche ist. Darum heißt [es]: Stehe auf von den Toten, d. h., lebe. Es bleibt schlechthin unaussprechlich, was mit diesem alles umfassenden Wort gemeint ist. Aber es muss so etwas heißen wie: Sei der, der du bist, und sei so vor Gott. Lass dir keine Masken aufsetzen; nicht die Maske dessen, der die Kunst des Lebens verstünde und der doch hinter dieser Maske tot ist. Überhaupt keine Maske! Nicht die des ewigen Strebenden und nicht die des ewigen Zufriedenen. Nicht die des Moralischen noch die des Unmoralischen, des Frommen oder des Zynikers. Sondern lebe! Sei lebendig! Stehe auf von den Toten. Lebe vor Gott als der, zu [dem] er dich gemacht hat! Aber dies Wort „lebe" kann ja kein Befehl sein, sondern es ist das Schöpferwort Gottes selbst. Es heißt: Du lebst schon, du lebst durch mich, vor mir allein. Und du wirst leben. Du gehörst nicht mehr den Toten. Du gehörst der Ewigkeit.

Wach auf, der du schläfst, stehe auf von den Toten, so wird dich Christus erleuchten. Wie auf jenem Bild von der Erschaffung Adams der an der frischen Erde schlafende Adam durch die Berührung Gottes in die Herrlichkeit des Tages erweckt wird, so tritt uns hier vor Augen das Bild eines Menschen, der aus der dunklen Erde, in der er schläft, in der er tot war, auf den Ruf einer Stimme heraussteigt und nun vom Licht Gottes in der Welt übergossen ist, von Christus erleuchtet. Ein Mensch ganz in der Welt, stark in der Erde verwurzelt, aber nun diese Welt in einem Lichte sehend, das ihm ihre ganze Not und ihre ganze Hoffnung zeigt. Von Christus erleuchtet, d. h., durch die Liebe all den Jammer und das Elend sehen, das Christus gesehen hat, in das er ganz eingegangen ist bis zum Tode am Kreuz. Und es heißt, in der Liebe von der letzten Hoffnung über alles Elend wissen, die von dem Herrn der Welt kommt, der allein kein Götze ist und sein Werk verherrlichen wird. Von Christus erleuchtet sein heißt: Gott über alle Dinge lieben und den Nächsten wie dich selbst. Das erst heißt „leben". Zu diesem Leben berufen sein, ist [die] Gnade Gottes in der Taufe.

Die Zukunft dieses Kindes bleibt im Dunkel, und wir sollen nicht auch versuchen, dies Geheimnis zu lüften. Gott lässt es sich doch nicht nehmen. Er geht mit diesem Kind, er führt es, nicht wir. Und er hält sein Wort. Amen.

Aus Nachfolge. Die Einfalt des sorglosen Lebens 1937,
DBW 4, S. 171

Sorget nicht! Die Güter spiegeln dem menschlichen Herzen vor, ihm Sicherheit und Sorglosigkeit zu geben; aber in Wahrheit verursachen sie gerade erst die Sorge.

Aus Nachfolge. Die Einfalt des sorglosen Lebens 1937,
DBW 4, S. 171

Gerade die Sicherung für den morgigen Tag macht mich heute so unsicher. Es ist genug, dass jeder Tag seine eigene Plage habe. Wer das Morgen ganz in die Hand Gottes legt und heute ganz empfängt, was er zum Leben braucht, der allein ist wahrhaft gesichert. Das tägliche Empfangen macht mich frei vom Morgen.

Aus Nachfolge: Die Einfalt des sorglosen Lebens 1937,
DBW 4, S. 172

„Sorget nicht für den anderen Morgen" – das ist nicht zu begreifen als Lebensweisheit, als Gesetz. Es ist allein zu begreifen als das Evangelium von Jesus Christus.

Predigt, 26. Februar 1933, DBW 12, S. 448–454

PREDIGT ZU RICHTER 6,15f; 7,2; 8,23

Eine leidenschaftliche Geschichte vom Spotten Gottes über alle Ängstlichen und Kleingläubigen, alle allzu Vorsichtigen, Besorgten, über alle, die vor Gott etwas sein wollen und doch nichts sind, eine Geschichte vom Spotten Gottes über des Menschen Macht, eine Geschichte vom Zweifel und vom Glauben an diesen des Menschen spottenden und ihn in diesem Spott gewinnenden, liebenden Gott. Also keine erhebende Heldenlegende – Gideon ist kein Siegfried –, sondern eine recht grobe, derbe, unerbauliche Geschichte, in der wir alle kräftig mitverspottet werden – und wer ließe sich gern verspotten, wer wüsste etwas Demütigenderes, als sich vom Herrn der Welt von Grund auf auslachen zu lassen? Von dem im Himmel des menschlichen Getümmels und Getriebes spottenden Gott, von dem Lachen Gottes über sein eitles Geschöpf redet die Bibel manches Mal. Es ist der Gewaltige, der Souverän, der unvergleichlich starke, der lebendige Herr, der hier so mit seinem Geschöpf umgeht. Vor ihm, der alle Macht in den Händen hat, vor ihm, der spricht, so geschiehts, der atmet und die Welt lebt und der seinen Odem einzieht und die Welt vergeht, vor ihm, der Völker zerschmeißt wie Töpfergeschirr, vor ihm ist der Mensch kein Heros, kein Held, sondern ein Geschöpf, das seinen Willen tun muss, das ihm gehorchen muss, das er mit Spott und Liebe gewaltig in seinen Dienst zwingt.

Also darum Gideon und nicht Siegfried, weil dieser von Gott verspottete Zweifler unter derben Schlägen glauben gelernt hat.

Wir haben in der Kirche nur *einen* Altar, und das ist der Altar des Allerhöchsten, des Einzigen, des Allgewaltigen, des Herrn, dem allein Ehre und Anbetung gebührt, des Schöpfers, vor dem alle Kreatur auf die Knie muss, vor dem der Gewaltigste nichts ist als Staub. Wir haben keine Nebenaltäre für Menschenverehrung. Gottesdienst, nicht Menschendienst, das geschieht hier am Altar der Kirche. Wer etwas anderes will als dies, der bleibe fern, der kann nicht mit uns im Hause Gottes sein, wer selbst einen Altar beansprucht oder einem anderen Menschen einen bauen will, der verspottet Gott, und Gott lässt sich nicht spotten. In der Kirche sein heißt den Mut haben, mit Gott als dem Herrn allein zu sein, heißt nicht Menschendiener, sondern Gottesdiener zu sein. Und dazu gehört Mut. Das größte Hindernis des Menschen, Gott den Herrn sein zu lassen, d. h. zu glauben, ist unsere Feigheit. Also darum Gideon, weil er mit uns an diesem einen Altar des Allerhöchsten und Allmächtigen niederfällt und allein ihm sich beugt.

Wir haben in der Kirche auch nur *eine* Kanzel und von dieser Kanzel aus wird vom Glauben an Gott geredet und sonst von keinem Glauben, und keinem noch so guten Willen. Also darum Gideon – weil er selbst, sein Leben, seine Geschichte eine lebendige Predigt dieses Glaubens ist. Darum Gideon, weil wir nicht immer so abstrakt, so weltfern, so unwirklich, so allgemein vom Glauben reden wollen, dass man es wohl gern anhört, aber eigentlich doch keine rechte Notiz davon nimmt, sondern weil es gut ist, wenn wir einmal etwas vom Glauben wirklich zu sehen bekommen, wenn wir nicht nur hören, was er sein soll, sondern sehen, was er ist, wie er mitten in einem Leben, in der Geschichte eines Menschen einfach geschieht. Hier allein wird der Glaube für jeden aus einem Kinderspiel zu einer allerhöchst bedrohlichen, ja Furcht und Schrecken erregenden Sache. Hier wird mit dem Menschen umgegangen, ohne Rücksicht, ohne Umstand, ohne Maß, hier muss er sich beugen oder zerbrechen. Darum ist das Bild der Männer des Glaubens, der Männer der Bibel so oft ein menschlich unschönes, unharmonisches, zerfetztes Menschenbild, aber dies Bild des Menschen, der glauben gelernt hat, hat dann das Eigentümliche an sich, dass es immer von sich selbst wegweist, hinweist auf den, in dessen Gewalt der Mensch ist, dessen Gefangener und Gebundener er ist, also darum Gideon, weil seine Geschichte eine Geschichte der Verherrlichung Gottes und der Demütigung des Menschen ist.

Da ist Gideon, einer wie tausend andere; aber aus diesen tausend begegnet Gott gerade ihm und ruft ihn in seinen Dienst, ruft ihn zur Tat. Warum gerade ihn, warum gerade dich oder mich? Ist es sein Spott, den er mit mir treibt, dass er mit mir redet, ist es seine allem Begreifen spottende Gnade? Aber was fragen wir da? – darf Er nicht rufen, wen er will, dich oder mich, Hoch oder Niedrig, Stark oder Schwach, Arm oder Reich, ohne dass wir gleich anfangen dürften, darum mit ihm zu rechten? Gibt es hier etwas anderes als hören und gehorchen?

Gideon soll das geknechtete Israel aus der Hand der übermächtigen Feinde, der Midianiter, befreien. Er, der ist wie tausend andere, er ist aufgerufen zu unerhörter Tat. Er sieht auf sich und seine Kraft, und er sieht auf die unüberwindlich starken Widerstände. Nichts hat er in der Hand, alles haben die Feinde. „Und er sprach zu ihm: Herr, womit soll ich Israel erlösen?" Wie soll ich das vollbringen, wozu du mich rufst? Herr, der Auftrag ist zu groß, sei nicht grausam. Nimm ihn von mir, oder lass mich Hilfe sehen, gib mir Heere, Waffen, Reichtümer – Gott, du kennst das Ausmaß unseres Elends nicht, sieh doch das hungernde, geschwächte Volk, sieh, wie sie ohne Heim, ohne Brot an dir verzweifeln, sieh, wie sie sich anderen Göttern beugen und vor dir nicht. „Herr, womit soll ich Israel erlösen?" Nicht wahr, wir kennen diesen Gideon. Er nimmt auf einmal ganz lebendige Züge an, Gideon, wir kennen deine Stimme nur zu gut, du redest heute noch so wie damals.

Da geht der Ruf an unsere protestantische Kirche, eine unter vielen anderen in der Welt: Du sollst Israel erlösen, du sollst die Menschen befreien von den Ketten der Furcht und der Feigheit und des Bösen, in denen sie gebunden sind. Und dieser Ruf erschreckt und verstört die Kirche aufs Tiefste, sie, die einflusslose, schwache, durch nichts ausgezeichnete Kirche, warum muss dieser lastende Ruf gerade an sie ergehen? Sie sieht die Hoffnungslosigkeit ihrer Verkündigung, die Stumpfheit und den Jammer derer, die sie hören sollen, und erkennt, dass sie dem nicht gewachsen ist, sie sieht ihre eigene innere Leere und Öde und spricht voll Angst und Vorwurf: *Womit* soll ich das Volk erlösen? Wie soll ich das Unerhörte tun? Und da plötzlich trifft uns der Ruf: Mach ein Ende mit der Knechtschaft, in der du lebst, mach ein Ende mit deiner Lebensangst, die an dir zehrt, mit der Macht der Begierde, die dich verbrennt, mit deinem qualvollen und selbstgefälligen Alleinsein, mach ein Ende mit deiner Menschenfurcht und Eitelkeit, mach dich frei. Wer wollte sagen, dass er solchen Ruf nie vernahm und dass er nicht auch schon wie Gideon geantwortet hätte: Herr, *womit* soll *ich* so große Dinge tun?

Jetzt aber wird der Gideon von damals und heute zum Schweigen gebracht, das Maul gestopft, „womit?" ... fragst du – hast du nicht begriffen, was es heißt, dass es Gott ist, der dir ruft; ist dir sein Ruf allein nicht genug, versinken dir vor diesem Ruf, wenn du ihn recht hörst, nicht alle Fragen nach dem „Womit?" „Ich will mit dir sein" d. h. du sollst es nicht tun mit irgendeiner anderen Hilfe, sondern ich habe dich gerufen; ich will mit dir sein; ich will es auch tun. Hörst du es, Gideon gestern und heute? Gott hat gerufen, das ist genug. Hörst du es, einzelner zweifelnder, fragender zweifelnder Christ? Gott hat etwas mit dir vor, gerade mit dir. Sei bereit und sieh zu. Vergiss nie, auch wenn dich deine eigene Schwachheit zu Boden drücken will, dass Er Unerhörtes, Unermessliches, Großes mit dir vorhat. Ich will mit dir sein.

Was tut Gideon? Er zieht aus, er lässt die Posaunen blasen, ruft sich ein Heer zusammen von allen Stämmen, er versammelt um sich, was er an Streitkräften auftreiben kann. Es ist angesichts der Übermacht der Feinde noch ein kleines Heer und Gideon ist zaghaft, ob er den Kampf aufnehmen soll. Da tritt ihm, als er gerade sein Lager dem Feind gegenüber aufschlägt, wiederum Gott in den Weg. Gideon, was hast du getan? Gideon, wo ist dein Glaube? Sieh auf dein Heer, es ist zu groß; Gideon, aus Angst und Zweifel hast du dieses Heer zusammengerufen. Des Volkes ist zu viel, das mit dir ist. So gebe ich dir den Sieg nicht. Denn ihr möchtet euch rühmen und sagen: Wir haben uns selbst erlöst, wir haben den Sieg errungen. Aber ich will euren Ruhm nicht, fallt nieder vor eurem Gott und lasst ihn den Herrn sein, wisst, dass Er allein euch erlösen kann. Er hat es zugesagt und sein Wort ist mächtiger als alle Heere der Welt.

Hier ist die entscheidende Frage gestellt: Gideon, glaubst du ernstlich an Gott, deinen Herren, auch hier angesichts der furchtbaren Gefahr des Feindes – Gideon, so schicke die Massen deines Heeres zurück, du brauchst sie nicht, Gott ist mit dir, er siegt, nicht dein Heer. Welch unerhörte Zumutung, welch verwirrende Begegnung mit dem lebendigen Gott. Da steht Gideon mit seinem kleinen Heer verzagt der Übermacht des Feindes gegenüber und nun naht Gott und lacht den Gideon derb aus, verspottet ihn, Gideon, des Volkes ist zu viel, das mit dir ist. Statt dass er Waffen und Heere in ungeheuren Mengen brächte, fordert er Entwaffnung, d. h. Glauben, Glauben, lass die Heere umkehren! ... Grausamer Spott Gottes über alle Menschenmacht, bitterste aller Glaubensproben, unbegreiflicher Herr und Despot der Welt. Ist es nicht irrsinnig, musste es den Gideon nicht innerlich zerreißen, hier vor dem Feind seine nach menschlichem Ermessen einzig zuverlässige Kraft noch aufzugeben? Welch ein wilder, um seine Ehre eifernder Gott, der dem Menschen immer wieder Weg und Plan durchkreuzt, wenn er es nicht ahnt. Warum durchkreuzt? Weil er dem Hoffärtigen widersteht, weil der Mensch es immer falsch macht, wie er es auch anstelle? Warum immer wieder falsch macht? Weil er sich immer wieder eigenen Ruhm bereiten will und an Gott nicht glauben will.

Aber Gideon glaubt und gehorcht, er lässt sein Volk ziehen, und mit jedem Mann, der ihn verlässt, wächst sein Glaube an den Gott, der seiner gespottet hat, und als sie alle bis auf einen winzigen Rest gegangen sind, da ist ihm der Sieg in die Hand gegeben. Er hat geglaubt, er hat gehorcht, er hat Gott die Ehre gegeben, er hat auf seinen Ruhm verzichtet und Gott hat sein Wort gehalten.

Ein Märchen wie andere auch? Wer so redet, hat nicht begriffen, dass Gideon lebt und dass die Gideonsgeschichte sich täglich in der Christenheit wiederholt. Ich will mit dir sein vor dem Feind ... Was tut Gideon, was tun wir? Man rafft alle eigene Kraft zusammen, greift nach allen Mitteln der Hilfe, man berechnet, erwägt, zählt, man rüstet sich mit Wehr und Abwehr – bis dann plötzlich unerwartet – niemand weiß, wann – der lebendige Gott selbst wieder den Menschen anfällt: Hast du Glauben, so leg deine Waffen ab, ich bin deine Waffe, leg deinen Panzer ab, ich bin dein Panzer, leg deinen Stolz ab, ich bin dein Stolz. Hörst du es, Kirche Gideon, lass Gott allein, lass sein Wort, sein Sakrament, sein Gebot deine Waffe sein, suche keine andere Hilfe, erschrick nicht. Er ist mit dir. Lass dir an meiner Gnade genügen. Wolle nicht stark, mächtig, ruhmvoll, geachtet sein, sondern lass Gott allein deine Stärke, deinen Ruhm, deine Ehre sein. Oder glaubst du ihm nicht? Welcher Irrsinn scheinbar, nicht wahr, dass die Kirche sich in der furchtbaren Bedrohung, in der sie von allen

Seiten drinsteht, nicht mit allen Mitteln wehren sollte. Welcher Irrsinn, den dieser Gideon in die Welt gebracht hat. Aber es ist das alles ja nichts anderes als der Irrsinn des christlichen Glaubens selbst, darauf kommt es doch in dieser Geschichte [an], nicht auf den bestimmten Befehl, der da gegeben wurde und der nun für alle Zeiten gälte, sondern auf die Torheit, auf das Ärgernis des lebendigen Glaubens, der bekennt: „Mit unsrer Macht ist nichts getan ..."

Und du Einzelner, der du den Ruf vernahmst, dich aus der Knechtschaft zu befreien, aus Ketten und Angst zu lösen, du steckst auch schon wieder mitten drin im Tun des Unglaubens, du meinst, du könntest es mit krampfhafter Anspannung aller Energien selbst schaffen, du bietest auf, was du hast, du willst es selbst in die Hand nehmen – bis dir Gott selbst in den Weg tritt und alle guten Pläne durchkreuzt – leg deine Waffen ab, ich bin deine Waffe und tausend Waffen von dir sind nicht wie eine von mir, lass mich tun, was du nie vermagst, du willst dich rühmen können: Ich habe mich selbst erlöst, aber du sollst dich nicht rühmen, gib mir den Ruhm und die Ehre, glaube mir. Lass dir an meiner Gnade genügen; meine Kraft ist in den Schwachen mächtig.

Mit Schaudern und Staunen mögen die Krieger Gideons den Befehl zur Umkehr vernommen haben, mit Schaudern und Staunen vernimmt die Kirche immer wieder die Stimme dessen, der ihr gebietet, auf Macht und Ehre zu verzichten, alle Berechnung fahren zu lassen und allein Gott sein Werk tun zu lassen, mit Kopfschütteln und Ärger sehen wir so manchen Gideon unter uns seinen Weg gehen – aber kann *uns* das irre machen, die in der Mitte ihrer Kirche das Kreuz sehen, das Zeichen der Machtlosigkeit, Ehrlosigkeit, Wehrlosigkeit, Hoffnungslosigkeit, Sinnlosigkeit und doch der Ort der göttlichen Kraft, Ehre, Wehr, Hoffnung, Sinn, Herrlichkeit, Leben, Sieg? Sehen wir nun die Linie, die von Gideon bis ans Kreuz führt, begreifen wir, dass diese Linie mit einem Wort heißt – „Glaube"?

Gideon siegt, die Kirche siegt, wir siegen, weil der Glaube allein siegt. Aber nicht Gideon, nicht die Kirche, nicht wir siegen, sondern Gottes ist der Sieg. Und Gottes Sieg heißt unsere Niederlage, heißt unsere Demütigung, heißt Spott und Zorn Gottes über alles menschliche Mächtigtun, sich Aufblasen, selbst etwas sein Wollen, heißt die Welt und ihr Geschrei zum Schweigen bringen, heißt Durchkreuzung aller unserer Gedanken und Pläne, heißt Kreuz. Kreuz über der Welt – das heißt der Mensch, auch der edelste, muss, ob es ihm passt oder nicht, in den Staub und mit ihm alle Götter und Götzen und Herren dieser Welt, Kreuz Jesu Christi – das heißt bitterer Spott Gottes über alle menschlichen Höhen, bitteres Leiden Gottes in allen menschlichen Tiefen, Herrschaft Gottes über alle Welt. Das Volk tritt an den siegreichen Gideon heran, letzte Anfechtung, letzte Versuchung: „Sei du unser Herr ..." Aber Gideon vergisst nicht seine Geschichte und nicht die Geschichte seines Volkes ... Gott soll Herr über euch sein und keinen anderen Herrn sollt ihr haben. Über diesem Wort stürzen alle Altäre von Göttern und Götzen, stürzt aller Menschendienst, alle Selbstvergötterung des Menschen – gerichtet, verurteilt, durchgestrichen, gekreuzigt sind sie alle, niedergestürzt in den Staub vor ihm, der allein Herr ist, neben uns kniet Gideon, der durch Angst und Zweifel zum Glauben gebrachte, vor dem Altar des einzigen Gottes, mit uns betet Gideon: Herr am Kreuz, sei du allein unser Herr. Amen.

Geduld, wenn's schwierig wird

Nächtliche Stimmen
Langgestreckt auf meiner Pritsche
starre ich auf die graue Wand.
Draußen geht ein Sommerabend,
der mich nicht kennt,
singend ins Land.
Leise verebben die Fluten des Tages
an ewigem Strand.
Schlafe ein wenig!
Stärk' Leib und Seele, Kopf und Hand!
Draußen stehen Völker, Häuser, Geister und Herzen in Brand.
Bis nach blutroter Nacht
dein Tag anbricht –
halte stand!

Dietrich Bonhoeffer, Juni 1944, DBW 8, S. 516

Brief an Mitbrüder, 20. November 1938, DBW 15, S. 81–85

AN DIE FINKENWALDER BRÜDER

Liebe Brüder!
Zum Ende des alten und zum Beginn des neuen Kirchenjahres grüße ich euch mit dem Wort aus dem Meditationstext der vorigen Woche: „Der Gott aber der Geduld und des Trostes gebe euch, dass ihr einerlei gesinnet seid untereinander nach Jesu Christo" (Römer 15,5). Wir haben hier in der letzten Zeit über den neutestamentlichen Begriff der Geduld viel gearbeitet und gemeinsam nachgedacht. Dabei ist mir ganz deutlich geworden, dass wir heute auf der ganzen Linie dort angekommen sind, wo es im Grunde nur darum geht, ob wir aus dem Evangelium lernen wollen, was Geduld heißt. Die mancherlei Fragen, unter denen sich heute die Ungeduld einschleicht, brauchen wir, meine ich, gar nicht so ernst zu nehmen, wie sie genommen sein wollen. Sehr ernst ist es nur, dass uns unsere Ungeduld immer wieder so böse Streiche spielen will, indem sie sich als eine ganz besondere Art Gehorsam ausgibt und uns zur Untreue verleitet. Wir sind, ich weiß nicht recht wodurch, weithin in ein Denken hineingeraten, das geradezu gefährlich wird. Wir meinen besonders verantwortlich zu handeln, wenn wir alle paar Wochen aufs Neue die Frage prüfen, ob auch der angefangene Weg der rechte gewesen sei. Dabei ist es besonders auffallend, dass solche „verantwortliche Prüfung" immer gerade dann einsetzt, wenn sich ernste Schwierigkeiten zeigen. Wir reden uns dann ein, wir hätten nicht mehr „die rechte Freudigkeit und Gewissheit zu diesem Wege" oder, was noch schlimmer ist, Gott sei nicht mehr mit seinem Wort in der alten Klarheit bei uns, und im Grunde versuchen wir mit alldem doch nur um das herumzukommen, was das Neue Testament „Geduld" und „Bewährung" nennt. Paulus hat jedenfalls nicht angefangen, über die Richtigkeit seines Weges zu reflektieren, wenn Widerstände und Leiden drohten, Luther auch nicht, sondern sie sind wohl grade darin ganz gewiss und froh geworden, in der Nachfolge und Gemeinschaft

ihres Herrn zu stehen. Liebe Brüder, unsre wirkliche Not ist gar nicht der Zweifel an unserem angefangenen Weg, sondern unser Versagen in der Geduld, im Drunterbleiben[4]. Wir können es uns immer noch nicht denken, dass Gott heute wirklich von uns nichts Neues will, sondern ganz allein die Bewährung in dem Alten. Das ist uns zu wenig, zu monoton, zu anspruchslos. Wir können uns auch einfach noch nicht damit abfinden, dass die Sache Gottes nicht immer die Sache des Erfolges ist und dass wir wirklich auch mit unserem rechten Wege „erfolglos" sein könnten. Aber eben hier entscheidet es sich, ob wir im Glauben oder in der Begeisterung angefangen haben.

Es ist auffallend, welche Bedeutung der Geduld im Neuen Testament zukommt. Nur der Geduldige empfängt die Verheißung (Matthäus 24,13), nur der Geduldige bringt rechte Frucht (Lukas 8,15). Ein Glaube, der nicht zur Geduld wird, ist unecht, unbrauchbar. Der Glaube muss bewährt sein. Bewährung gibt es nur im Leiden. Nur aus dem Erleiden, aus dem Drunterbleiben, wird das „vollkommene Werk" hervorgehen (Jakobus 1,3f). Wenn wir uns daran erinnern, dass das Wort Glaube schon das Moment der Treue enthält, so wird uns der enge Zusammenhang von Glaube und Geduld nicht verwundern. Geduld gibt es nur „in Jesus" (Offenbarung 1,9); denn Jesus übte Geduld, als er das Kreuz trug. Hebräer 12,2 beschreibt den Kreuzweg Jesu als ein Drunterbleiben, als Geduld. Drunterbleiben heißt für uns in der Gemeinschaft der Leiden des Christus stehen (2 Korinther 1,6ff) und dadurch Zuversicht gewinnen. Haben wir an der Geduld Jesu Anteil, so werden wir selbst geduldig, und zuletzt werden wir an seinem Königtum teilhaben (2 Timotheus 2,12). Der Weg zur Geduld geht über die Zucht (2 Petrus 1,6). Je freier wir von der Bequemlichkeit und Trägheit, von persönlichen Ansprüchen werden, desto williger werden wir zur Geduld.

---

4 Das ist die wörtliche Übersetzung des neutestamentlichen griechischen Wortes für Geduld, beständiges Ausharren, „hypomoné".

Unser Text sagt uns, dass wir einig bleiben können, nur wenn wir in der Geduld bleiben. Die Ungeduld richtet Spaltung an. Und es ist ja leider nicht zu leugnen, dass alle die, die aus Ungeduld eigene Wege gehen oder schon gegangen sind, manchem Bruder den Kampf der Bewährung und Geduld noch viel schwerer gemacht haben. Ungeduld zerbricht die Gemeinschaft. Sie ist im Sinne des Evangeliums nicht nur eine kleine, verzeihliche Unart, sondern sie ist das Versagen in der Bewährung des Glaubens. „Der Gott aber der Geduld" – der Gott, der in Jesus Christus selbst drunter blieb und uns drunter bleiben hilft, der gebe euch „einerlei Sinn" – dass ihr in diesen Stunden der Bewährung beieinander steht, ja fester aneinanderrückt, einander stärkt und helft. Schlimm, wenn in solchen Zeiten einer sich entzieht. Aber unsere Geduld hängt ja nicht an Menschen, sondern an Jesus Christus und seiner Geduld am Kreuz. Er hat auch die Ungeduld aller Menschen getragen und kann sie darum vergeben. „Einerlei Sinn" – d. h. ja: nicht heute so und morgen anders, sondern beim einmal Erkannten festbleiben, beständig sein, sich treu erweisen. Wie gering steht die Festigkeit, Beständigkeit und Treue bei uns im Kurs. In der Schrift steht sie ganz obenan.

Gott schenke sie uns, indem er uns geduldig macht und uns im Drunterbleiben seinen Trost zuspreche. Einig in der Geduld, einig im Trost. Wir gehören zusammen im Drunterbleiben, wir gehören zusammen auch in der Tröstung und der endlichen Überwindung. Keiner kämpft den Kampf der Bewährung allein. In der Stunde, in der unsere Geduld erprobt wird, sind die bei uns, mit denen wir einerlei Sinnes sind. Vor allem aber wissen wir, wir sind eins in Jesu Geduld und Trost. Er ist unsere Geduld und unser Trost. So wird es auch im neuen Kirchenjahr bleiben.

Wenn ich euch raten darf, so macht euch die Mühe und arbeitet die Begriffe, um die wir uns grade bemühen, mit uns durch: Versuchung, Geduld, Bewährung, Demut, Danksagung, Freude, Friede, Zucht. In diesen Stücken haben wir das Evangelium ganz neu hören zu lernen. Wir werden auf wenig begangenen Wegen durch die Schrift geführt, aber die Ausblicke sind unbeschreiblich weit und schön. Die Meditationstexte in den nächsten Wochen sollen uns auch dazu helfen.

In den letzten Tagen habe ich viel über Psalm 74, Sacharja 2,12, Römer 9,4f und 11,11–15 nachgedacht. Das führt sehr ins Gebet.

Ich habe mich sehr gefreut, von vielen von euch zu hören und auch Predigten von euch lesen zu dürfen. Darf ich die Brüder, denen ich die Predigten zurückschicke, bitten, mir wenigstens auf einer Karte mitzuteilen, ob sie ankamen und ob sie mit der Beurteilung einverstanden sind oder nicht? Bitte meint doch überhaupt nicht, ich sei brieflich nicht zu erreichen, sondern schreibt und erzählt wieder etwas mehr. Ich glaube, ich habe mich in den letzten Monaten auch mit Antworten gebessert, habe mir jedenfalls Mühe in dieser Richtung gegeben; denn man soll heute wirklich solche Gemeinschaft nicht durch Trägheit abreißen lassen. Vor allem aber haltet doch untereinander die Verbindung aufrecht, schreibt euch und besucht euch. Das wäre das Wichtigste.

Ich wünsche euch von Herzen eine gute Adventszeit. Gott segne eure Predigt und alle eure Arbeit. Er behüte euch und eure Häuser. Wir denken euer täglich.

In brüderlicher Gemeinschaft grüßt euch euer getreuer
Dietrich Bonhoeffer

Predigt Barcelona, 3. Februar 1929, DBW 10, S. 534ff.

PREDIGT ZU PHILIPPER 4,7

Phil 4,7. Der Friede Gottes, welcher höher ist denn alle Vernunft, bewahre eure Herzen und Sinne in Christus Jesus.

Wer es einmal nur verspürt hat, dass die Natur ihn umfing und ihm die Sinne raubte, vielleicht vor einem abendlichen, stillen Waldsee, der uns wie tiefe Kinderaugen in die Seele leuchtete, vielleicht vor der Einfalt einer wundervollen Waldblume, die uns wie ein reiner Gruß der großen Natur an ihre Kinder begegnete, wer es nur einmal verspürte, dass ihm die Schöpfung, die Mutter Erde, das Herz bezwang – der weiß für immer, was ihm fehlt, der weiß, einen wie bitteren Nachgeschmack solche Stunden haben, weiß, dass auch die Tränen der Seligkeit salzig sind – groß und tief und ernst wird ihm die eine Erkenntnis, dass durch die Welt ein Riss geht, ein Riss, der dort sichtbar wird, wo der Mensch ist, und der dort verschwindet, wo der Mensch nicht mehr ist, in der Natur. Als Fremdling, ja mehr noch: als Vertriebener und Abgefallener geht der Mensch durch die Welt Gottes, er sieht gleichsam das Paradies vor sich liegen und ist doch ausgetrieben, kann seine Seligkeit nicht genießen, er trägt ein Kainszeichen auf der Stirn, das Zeichen des Menschseins, das heißt das Zeichen der Friedlosigkeit.

Ein furchtbarer widergöttlicher Wille hat sich im Menschen aufgebäumt und hat über die Menschheit das grause Schicksal der Friedlosigkeit gebracht, aber es hat in der Seele des Menschen den brennenden Durst, die quälende Sehnsucht gelassen nach dem Frieden, der doch nur ein Friede mit Gott sein kann. Das Wort vom Frieden hat für uns alle einen wundersamen Klang, so wie wenn es aus einer anderen Welt zu uns herabstiege und von ihr erzählen wollte; es berührt uns in der tiefsten Seele, es hat etwas unglaublich Zartes und Starkes an sich, es macht uns selig und wehmütig zugleich, und das darum, weil wir zutiefst ein friedloses Geschlecht sind. Wir werden von unserem Beruf, unserem persönlichen Leben zerrissen, umhergetrieben, aufgerieben, wir ringen mit Fragen, die wir nicht lösen können, wir kämpfen um das Gut, das wir nicht erreichen können, wir hadern mit unserem Schicksal und suchen doch im Grunde nur eines: hinauskommen über diese dämonische Unruhe in uns und hineinwachsen in den Frieden. Ach ich bin des Treibens müde, was soll all der Schmerz, die Lust, süßer Friede, komm, ach komm in meine Brust. Aber wir müssen uns selbst nur recht verstehen: All unser Hasten und Jagen, Schaffen und Streben, Sorgen und Grübeln sehnt sich ja nicht nach einem Frieden, wie ihn uns die Befriedigung irgendeines Wunsches geben kann, sondern nach dem Frieden, den nur

Gott über unsere Herzen bringen kann, nach dem endgültigen, dem ewigen Frieden Gottes. Wir spüren den Riss zwischen uns und dem Unendlichen und wissen, dass dieser Riss, das heißt unsere Gottlosigkeit und -verlassenheit, der Grund für unsere Schwäche, unsere Friedlosigkeit, unsere Unruhe ist, und all unser Schaffen geht im Grunde auf gar nichts anderes aus, als diesen Riss zu überwinden. Täuschen wir uns doch nicht über uns selbst; wir können ja gar nichts anderes wollen als den Frieden Gottes, wie die Blumen nichts anderes wollen können als die Sonne; Gott hat uns auf ihn hin gerichtet, mit den alten Worten des Kirchenvaters: Gott, du hast uns zu dir hin geschaffen, und unser Herz ist unruhig in uns, bis es Ruhe findet in dir. Die Welt lechzt nach Gottes Frieden, will den Friedensbogen der göttlichen Gnade nach dem Gewitter leuchten sehen und kommt doch nicht hinaus über die Unruhe und Hast. Denn sie ist eine abgefallene Welt, über die das unerbittliche Geschick der Friedlosigkeit verhängt ist. Die ganze Menschheit gleicht dem Juden Ahasverus, der nach der alten Sage Gott gelästert hat und nun in ewiger Wanderschaft ohne Heimat, ohne Rast, in ewiger Friedlosigkeit sein Leben dahinbringen muss.

Aber mit elementarer Gewalt bricht immer wieder in der Menschheit der Ruf nach dem Frieden durch, zum ersten Mal mächtig und stark im alten Prophetentum, und nun in jüngster Zeit wieder allüberall in der Sehnsucht nach dem Weltfrieden. Aber so schön und ernstgemeint all diese Hoffnungen sind, sie erkennen nicht, dass der Friede, den wir brauchen, der Friede ist, der von der Ewigkeit herabkommt, der Friede Gottes mit seiner Menschheit, mit jedem Einzelnen von uns. Solange du von diesem Frieden nicht weißt, ist alles andere nur Scheinfriede, hast du die Tiefe deines eigenen friedlosen Lebens noch gar nicht verstanden. Lasset euch versöhnen mit Gott, ruft uns das Neue Testament zu, bittet um seinen Frieden für euch und für die Welt. Euer Leben strebt zur Einheit, zur Harmonie, woanders findet ihr sie als in Gottes Frieden? Euer Leben ist geplagt von Angst und Unruhe, wo anders wird sie gestillt als im ewigen Frieden Gottes?

Fragt einer, was denn dieser Friede sei, so kann ich nur auf Vergängliches als Gleichnis für Unvergängliches hinweisen. Weißt du etwas vom Frieden eines schlafenden Kindes, weißt du etwas vom Frieden, den der Mann findet fern von aller Leidenschaft, wenn er der geliebten Frau, den der Freund findet, wenn er dem treuen Freund ins Auge sieht, weißt du etwas vom Frieden, den ein Sohn im Arm seiner Mutter fühlt, vom Frieden, der auf so manchem gereiften Antlitz ruht, wenn es zum Sterben geht, weißt du etwas vom Frieden der Abendsonne und der alles bedeckenden Nacht und der ewigen Sterne, und weißt du etwas vom Frieden dessen, der am Kreuze starb – so nimm das als vergängliches Zeichen, als schwaches Symbol für das, was der Friede Gottes ist. Frieden haben heißt sich getragen wissen, sich geliebt wissen, sich behütet wissen, heißt still, ganz still werden können, mit einem Menschen Frieden haben heißt auf seine Treue unerschütterlich bauen können, heißt sich mit ihm eins wissen, sich von ihm vergeben wissen. Frieden haben heißt eine Heimat haben in der Unruhe der Welt, heißt festen Boden unter den Füßen haben, da mag nun die Welle branden und toben, sie können mir meinen Frieden nicht mehr rauben, mein Friede hat mich frei gemacht von der Welt, stark gemacht gegen die Welt, reif gemacht für die andere Welt. Dass wir aber solchen Frieden mit Gott haben sollen, das ist eine Sache, die über alles menschliche Begreifen, über alle Vernunft geht. Der Friede Gottes aber ist ein Friede, der höher ist als alle Vernunft. Wer kann es fassen, dass der ewige Gott mit ihm, gerade mit ihm, der von Gott unzählige Mal abgefallen ist, der ist wie ein Blatt, das der Wind verweht, wie ein Sandkorn am Meer, einer von vielen, einer wie andere auch, ersetzlich wie jeder Teil der gewaltigen Maschine, dass Gott mit ihm Frieden gemacht hat; dass er zu ihm spricht: Komm heraus aus der Hast und der Angst und der Unruhe der Welt, zu mir und zu meinem Frieden. Gib mir dein geplagtes, friedloses Herz, und ich will die Wunden heilen und ihm den Frieden Gottes geben. Kommt her zu mir alle, die ihr mühselig und beladen, ich will euch erquicken, so werdet ihr Ruhe finden für eure Seelen.

Der Friede Gottes ist die Treue Gottes unserer Untreue zum Trotz, im Frieden Gottes sind wir geborgen, behütet und geliebt. Freilich, er nimmt uns unsere Sorge, unsere Verantwortung, unsere Unruhe nicht völlig ab, aber hinter all dem Treiben und Sorgen ist der göttliche Friedensbogen aufgegangen, wir wissen unser Leben getragen und in Einheit mit dem ewigen Leben Gottes, wir wissen, dass der Riss, den wir immer wieder schmerzlich empfinden müssen, nur ein immer erneuter Hinweis darauf ist, dass Gott den Riss geschlossen hat, dass er uns in sein Leben hineingezogen, so wie wir sind, als Menschen der Erde, als Menschen mit Herzen und Sinnen, das heißt in der Sprache der Bibel: mit Leidenschaften und Nöten, mit den Eindrücken der Welt befangen. Der Friede Gottes, welcher höher ist als alle Vernunft, bewahre unsere Herzen und Sinne in Christus Jesus. Er bändige unsere Leidenschaft, er nehme in Zucht unsere Gedanken und unseren Willen und führe uns zu dem Frieden Jesu Christi, der gesprochen hat, der sich uns gegeben hat in der Nacht von Golgata: Meinen Frieden gebe ich, meinen Frieden lasse ich euch, nicht gebe ich wie die Welt gibt, euer Herz erschrecke nicht und fürchte sich nicht. Der Friede Gottes aber ist größer als alles, was wir von ihm sagen können, er steht über allem menschlichen Wollen und Denken, er hat die Welt versöhnt, er verbindet, was getrennt war, er heilt, was wund war, er bewahrt unsere Herzen und Sinne in Christus Jesus.

Liebe Freunde, was könnte ich heute, da ich zum letzten Mal von dieser Kanzel zu euch sprechen soll, für einen größeren Wunsch für euch auf dem Herzen tragen, als dass dieser Friede über euch komme, bei euch einziehe und wohnen bleibe; dass Gott euch zu Menschen seines großen Friedens mache, die in ihm ruhen mitten im Treiben der Dinge der Welt, dass dieser Friede eure Seele kläre und reife, dass sie selbst etwas ausstrahle von dem Glanz und der Reinheit des Friedens, den Gott in unser Herz gibt, ausstrahle, in andere friedlose Seelen hinein, dass einer dem anderen, der Freund dem Freunde, der Gatte dem Gatten, die Mutter dem Kinde Bringer dieses göttlichen Friedens werde. Noch stehen wir mitten drin in der Unruhe des Lebens, und nur in den stillen Stunden unserer Seele empfangen wir immer wieder den Frieden Gottes, einst aber wird Gott ein Reich aufrichten, in dem der Friede König ist, ein ewiges Friedensreich, nicht von dieser Welt, sondern von der Welt, aus der der Friede stammt; und zu diesem Reich werden geladen werden alle, die schon hier im Frieden Gottes gelebt haben, deren Leben in der Ewigkeit wurzelte. Aus diesem ewigen Reich aber dringt ein Strahl des Friedens durch die Wolken hindurch, und in diesem Strahl ahnen wir das Reich. Dieser Strahl falle auf uns, in uns, der Friede Gottes auf [euch] hernieder und bewahre eure Herzen und Sinne in Christus Jesus und führe euch zum ewigen Reich.

Meine Lieben, es ist die Abschiedsstunde für mich aus eurem Kreise gekommen. Ein Jahr der Tätigkeit in der Gemeinde liegt hinter mir, ein Jahr, in dem ich so viel geben wollte, wie ich konnte: Es war das erste Jahr meiner praktischen Tätigkeit und ich habe in ihm die ganze Schönheit und den ganzen Ernst unseres Berufes zu spüren bekommen. Es ist eben eine große Sache, von Gott reden zu sollen und doch zu wissen, dass man mit menschlichen Worten höchstens den Saum seines heiligen Gewandes berühren kann, und dass es seine Gnade ist, wenn er etwas ausrichten will zu seiner eigenen Ehre. Manches Mal bin ich mit bangem Herzen auf die Kanzel gegangen: Werde ich das rechte Wort finden? Da hat immer wieder das eine Wort geholfen vom Frieden Gottes, der über alle Vernunft ist und wirkt und schafft auf seine freie Weise. Ich brauche es wohl nicht mehr zu sagen, dass ich die Gemeinde, in der mir dies Erlebnis zugewachsen ist, nicht mehr vergessen werde, und dass mich heute eine tiefe Dankbarkeit für das verflossene Jahr bewegt. Ich danke es zunächst Herrn Pfarrer Olbricht, dass ich dies Jahr durch ihn und mit ihm erleben durfte, ich danke ihm und Ihnen allen für alle Liebe, alles Vertrauen, alle Freundlichkeit, alle treue Freundschaft, die mir in diesem Jahr geschenkt wurde und die mich reich gemacht hat für mein ganzes Leben. Und wenn mich nun jetzt ein anderes Arbeitsfeld von euch fort ruft, so nehm ich es als das Sinnbild für unser ganzes

Leben, das ein Wandern ist, und ich nehme Abschied mit meinem Lieblingsvers, den ich schon manches Mal von hier zu euch gesprochen habe:

Ein Tag, der sagt dem andern,
mein Leben sei ein Wandern
zur großen Ewigkeit ...

An Eberhard Bethge, Brief aus dem Gefängnis,
18. November 1943, DBW 8, S. 192

Ich bete jetzt hier ganz einfach um die Freiheit. Es gibt auch eine falsche Gelassenheit, die gar nicht christlich ist. Über etwas Ungeduld, Sehnsucht, Widerspruch gegen das Unnatürliche und eine ganze Portion Verlangen nach Freiheit und irdischem Glück und Wirken können, brauchen wir uns als Christen durchaus nicht zu schämen.

An Renate und Eberhard Bethge, Brief aus dem Gefängnis,
23. Januar 1944, DBW 8, S. 288

Bei jeder solchen Wendung merke ich, dass Gelassenheit nicht ein Stück meiner Natur ist, sondern dass ich sie mir immer wieder mühsam erobern muss – übrigens Gelassenheit von Natur ist doch wohl in den meisten Fällen nur ein euphemistischer Ausdruck für Indifferenz und Indolenz und insofern nicht gerade etwas sehr Respektables! Bei Lessing las ich kürzlich: „Ich bin zu stolz, mich unglücklich zu denken – knirsche eins mit den Zähnen – und lasse den Kahn gehen, wie Wind und Wellen wollen. Genug, dass ich ihn nicht selbst umstürzen will!“ Sollte dieser Stolz und dieses Zähneknirschen dem Christen ganz untersagt und fremd sein? Etwa zugunsten einer vorzeitig vorbeugenden milden Gelassenheit? Gibt es nicht auch die stolze und zähneknirschende Gelassenheit? Die doch wieder etwas ganz anderes ist als das sture, stumpfe, starre, leblose und vor allem gedankenlose Sich-einem-Unvermeidlichen-Unterwerfen. Ich glaube, dass Gott besser geehrt wird, wenn wir das Leben, das er uns gegeben hat, in allen seinen Werten erkennen und ausschöpfen und lieben und darum auch den Schmerz über beeinträchtigte oder verlorene Lebenswerte stark und aufrichtig empfinden – man beschimpft das ja gern als die Schwäche und Empfindsamkeit der bürgerlichen Existenz – als wenn man gegen die Werte des Lebens stumpf ist und daher auch gegen den Schmerz stumpf sein kann. Ijobs Wort: „der Herr hat's gegeben usw. ..." schließt das eher ein als aus, wie ja auch aus seinen zähneknirschenden Reden und ihrer göttlichen Rechtfertigung (42,7ff) gegenüber der falschen, vorzeitigen frommen Ergebung seiner Freunde deutlich genug hervorgeht.

Brief aus dem Gefängnis, 10. August 1944, DBW 8, S. 563

Vor allem darf man sich nie vom Augenblicklichen auffressen lassen, sondern muss die Ruhe der großen Gedanken in sich bewahren und nach ihnen alles messen. Dass das die wenigsten Menschen können, ist es, was man an den Menschen am schwersten erträgt. Nicht die Bosheit, sondern die Schwäche der Menschen ist das, was die Menschenwürde am tiefsten entstellt und herabzieht. Man kann das nur aus einem ganz tiefen Mitleid heraus ertragen. Im Übrigen sitzt nach wie vor Gott im Regiment.

29. Mai 1944, 2. Pfingsttag, DBW 16, S. 652–654

Bibelauslegung Psalm 94,12–13 und Galater 5,22

„Geduld zu haben, wenn's übel geht" – darauf konzentriert sich in letzter Zeit fast unser ganzes inneres Bemühen. Wie erreichen wir es? Indem wir uns Gottes Schläge und Gottes Gesetze gefallen lassen und sagen: Wohl dem, dem das widerfährt! So muss sprechen, wer zu Gott „lieber Vater“ sagt. Wen Gott durch schwere Lebenserfahrung, durch Krieg und Entbehrung züchtigt, der lernt, dass er von Gott nichts zu verlangen hat, und so wartet er geduldig und demütig, bis Gott sich wieder freundlich zu ihm kehrt, und er weiß, dass diese Stunde kommt. Wem Gott sein Gesetz in seiner ganzen Härte auferlegt, der erkennt an seinem Versagen, dass er mitschuldig ist an dem Versagen aller Menschen, und er übt sich in Geduld im Gehorsam und fordert nichts, sondern wartet und bittet. Im Ertragen der Züchtigung und im Gehorsam gegen Gottes Gesetz wissen wir uns in der Erziehung Gottes und erkennen die Hand des lieben Vaters und sagen: Wohl dem, dem das widerfährt.

Es besteht für uns die Gefahr, dass uns heute die Geduld als die einzige und wichtigste christliche Haltung erscheint und dass wir damit den Reichtum Gottes sehr verkürzen. Mitten in den Zeiten der Züchtigung will die ganze Fülle des Heiligen Geistes zur Entfaltung und zur Reife kommen, und wir wollen ihr in uns vollen Raum geben, um Gottes willen, um der Menschen willen und um unseretwillen. Die ganze Welt Gottes, des lieben Vaters, will in uns geboren werden, wachsen und reifen. Liebe – wo nur Misstrauen und Feindschaft herrscht; Freude – statt Verbitterung und Schmerz; Friede – mitten in innerem und äußerem Streit; Geduld – wo Ungeduld uns zu überwältigen droht; Freundlichkeit – wo nur rohe und harte Worte sich Geltung zu verschaffen scheinen; Gültigkeit – wo Verstehen und Mitgefühl als Schwäche gelten; Glaube, das heißt hier Treue – wo lange Trennungen und große Veränderungen aller Verhältnisse auch das Beständigste ins Wanken bringen wollen; Sanftmut – wo Rücksichtslosigkeit und Eigensucht allein zum Ziel zu führen scheinen; Keuschheit – wo kurzer Lebensgenuss das einzig Sinnvolle zu sein scheint und alle Bindungen sich lösen wollen.

Ist dies alles fantastische Illusion? Ist es unmöglich? Es wäre dies, wenn es nicht die ganz von selbst wachsende Frucht des Geistes wäre, dem wir uns anvertraut haben und der dies in uns vollbringen will, während wir ihn staunend und anbetend wirken lassen.

Predigt, 23. Januar 1938, DBW 15, S. 463–470

PREDIGT ZU RÖMER 12,17–21

„Mir ist Erbarmung widerfahren" – haben wir gesungen. So singt die ganze christliche Gemeinde an jedem neuen Tage. „Mir ist Erbarmung widerfahren" – als ich mein Herz noch vor Gott verschloss, als ich auf dem eignen Weg meiner Sünde ging, als ich meine Sünde mehr liebte als Gott, als ich durch meine Sünde in Jammer und Elend kam, als ich mich verirrt hatte und nicht zurückfand – da traf mich Gottes Wort, da hörte ich: Gott liebt mich, da fand mich Jesus, er war bei mir – er ganz allein –, er tröstete mich und vergab mir alle meine Sünden und rechnete mir das Böse nicht zu. „Mir ist Erbarmung widerfahren."

Als ich Gott feind war um seiner Gebote willen, da handelte er an mir wie an einem Freunde. Als ich ihm Böses tat, tat Gott mir nur Gutes. Er rechnete mir mein Böses nicht auf, er suchte mich unermüdlich und ohne Erbitterung. Er litt mit mir, er starb für mich, es war ihm nichts zu schwer für mich. Da hatte er mich überwunden. Gott hatte seinen Feind gewonnen. Der Vater hat sein Kind wiedergefunden. Ist es nicht das, was wir meinen, wenn wir dieses Lied singen? Zwar begreife ich es nicht, warum Gott mich so liebt, warum ich ihm so teuer war, zwar kann ich es nicht fassen, dass er mein Herz durch sein Leben überwinden konnte und wollte, aber nun kann ich sagen: „Mir ist [Erbarmung widerfahren] ..."

Aber eben weil ich hier nichts begreife und verstehe, darum heißt es in unserem Text: *„Haltet euch nicht selbst für klug"* – d. h. ihr mögt sonst ganz gescheite, tüchtige Leute sein in eurem Geschäft, in eurer Arbeit, aber von einem wisst ihr von Natur aus rein gar nichts, in einem seid ihr so töricht und närrisch wie ein unmündiges Kind – nämlich in den göttlichen Dingen der Barmherzigkeit oder vielmehr wie aus einem Feind ein Freund wird, wie ein Feind Gottes überwunden wird.

Unser heutiger Text spricht von dem *Verhalten des Christen gegen seine Feinde* oder *wie der Christ seine Feinde „überwindet"*.

Diese Frage wird im Leben des Einzelnen und einer christlichen Gemeinde immer wieder von großer Wichtigkeit [sein], und eben hier sind wir so ganz und gar unverständig, haben wir von uns aus so ganz und gar verkehrte Gedanken, dass unser Text damit beginnt: *„Haltet euch nicht selbst für klug."* Das ist wohl zu allererst *eine Erinnerung daran,* wie unbegreiflich unserer Klugheit Gottes Weg mit uns war. Dass Gott uns suchte, uns vergab, dass er um unsertwillen seinen Sohn opferte, dass er uns darin das Herz abgewann und bekehrte, das ist unsrer Klugheit allerdings fremd und unzugänglich. Damit ist uns also gesagt: Wenn ihr einem Feind begegnet: Denkt zuerst an *eure eigene Feindschaft gegen Gott und an Gottes Barmherzigkeit gegen euch!*

„Haltet euch nicht selbst für klug" – das ist sodann eine wichtige Erinnerung an den Anfang unseres Menschengeschlechtes. Der Teufel versprach Adam und Eva Klugheit. Klug wie Gott wollte er sie machen, sie sollten wissen, was gut und böse ist. Sie sollten damit zu Richtern über Gut und Böse gemacht werden. Seit Adam sich vom Teufel die Klugheit schenken ließ, meinen alle Menschen, dass sie in allen göttlichen Dingen etwas wüssten und mitzureden hätten. Sie meinten, sie wüssten nun, wie man mit Gott und mit Menschen umgehen müsste. Mithilfe ihrer Klugheit würden sie nun wohl eine gute Welt aufbauen. Aber was geschah? Der erste Sohn Adams und Evas war Kain, der Mörder seines Bruders. Der erste Mensch, der von Menschen auf dieser Erde geboren wurde, war ein Brudermörder. Da ging die Saat des Bösen auf. Das war die Frucht der Klugheit der ersten Menschen! Gibt uns das zu denken? „Haltet euch nicht selbst für klug" – auf dass ihr nicht zu Mördern eurer Brüder werdet. Glaubt nicht selbst zu wissen, wie man mit Menschen, wie man mit Feinden umgeht, oder was gut und böse ist, sonst fressen sich die Menschen untereinander auf– „haltet euch nicht selbst für klug" – sondern seht auf Gottes Weg zu den Menschen, zu seinen Feinden. Jenen Weg, den die Schrift selbst einen törichten Weg nennt, den Weg der Liebe Gottes zu seinen Feinden, die er ihnen erweist bis zum Kreuz. Das Kreuz Jesu Christi zu erkennen als die unüberwindliche Liebe

Gottes zu allen Menschen, zu uns ebenso wie zu unsern Feinden, das ist die beste Klugheit. Oder meinen wir, Gott liebte uns mehr als unsre Feinde? Meinen wir, gerade wir seien die Lieblingskinder Gottes? Dächten wir so, dann stünden wir tief im Pharisäertum drin, dann hätten wir aufgehört Christen zu sein. Liebt Gott unsere Feinde etwa weniger, für die er doch ebenso gekommen ist, gelitten hat, gestorben [ist] wie für uns? Das Kreuz ist keines Menschen Privatbesitz, sondern es gehört allen Menschen, es gilt allen Menschen. *Gott liebt unsere Feinde* – das sagt uns das Kreuz, er leidet um sie, er hat Not und Schmerzen um sie, er hat für sie seinen lieben Sohn gegeben. Darauf kommt alles an, dass wir bei jedem Feind, dem wir begegnen, sogleich denken: Den liebt Gott, für den hat Gott alles gegeben. *Darum haltet euch nicht selbst für klug,* das hieß für unsere Stellung zu unseren Feinden *zuerst:* Denke daran, dass *du auch Gottes Feind warst* und dass *dir Erbarmung widerfahren* ist ohne Verdienst und Würdigkeit. Es hieß *zweitens:* Denke daran, dass Gott auch für deinen *Feind an[s] Kreuz ging* und ihn *liebt wie dich.*

Darum „vergeltet niemand Böses mit Bösem, fleißiget euch der Ehrbarkeit gegen jedermann. Ist es möglich so viel an euch ist, so habt mit allen Menschen Frieden." Also einmal ganz deutlich: Da ist irgendeiner, ein Nachbar oder ein anderer, der fortgesetzt böse Dinge von mir sagt, der mich schmäht, der mir offenes Unrecht tut, der mich quält und plagt, wo er nur kann. Wenn wir ihn nur sehen, steigt in uns das Blut in den Kopf, ein furchtbar drohender Zorn erfüllt uns. Das ist der Feind, der so etwas bei uns bewirkt. Aber nun gilt es, auf der Hut zu sein. Nun gilt es, ganz schnell sich zu erinnern: *Mir ist Erbarmung widerfahren,* nicht von Menschen, nein *von Gott* selbst, und *für ihn starb* Jesus Christus – und auf einmal wird alles anders. Wir hören nun: *Vergeltet nicht Böses* mit Bösem. Erhebe deine Hand nicht zum Schlag, öffne deinen Mund nicht im Zorn, sondern sei still. Was kann denn der dir schaden, der dir Böses antut. Nicht dir schadet es, aber ihm schadet es. Unrecht leiden schadet keinem Christen. Aber Unrecht tun schadet. Nur eines will ja der Böse bei dir erreichen, nämlich, dass du auch böse wirst. Aber damit hätte er ja gesiegt. Darum vergilt nicht Böses mit Bösem. Du schadest damit nicht dem, sondern dir selbst. Nicht du bist in Gefahr, wenn dir Böses geschieht, aber der andre ist in Gefahr, der dir Böses tut, und er kommt darin um, wenn du ihm nicht hilfst. Darum um des anderen willen und um deiner Verantwortung für ihn – vergilt nicht Böses mit Bösem. Hat Gott denn dir je so vergolten?

„Fleißigt euch der Ehrbarkeit *gegen, jedermann* ... habt mit *allen* Menschen Frieden." Gegen jedermann, mit allen Menschen – es gibt keine Ausnahme. Nicht nur gegen die *Ehrbaren ehrbar* sein, sondern gerade auch gegen die Unehrbaren, nicht nur gegen die *Friedfertigen friedfertig* sein, sondern gerade gegen die, die uns nicht im Frieden leben lassen wollen. Das andere können die Heiden auch. Aber Jesus Christus starb nicht für die Ehrbaren und für die Friedfertigen, sondern gerade für die Sünder und Feinde, für die Unehrbaren, die Hasser, die Totschläger. Unser Herz steht immer darauf nur unter den Freunden, unter den Gerechten und Ehrbaren zu bleiben. Aber Jesus Christus war mitten unter seinen Feinden. Gerade dort wollte er sein. Dort sollen wir auch sein. Das unterscheidet uns von allen andern Sekten und Religionen. Da wollen die Frommen unter sich sein. Christus aber will, dass wir mitten unter unsern Feinden seien, wie er war; mitten unter seinen Feinden starb er den Tod der Liebe Gottes und betete: Vater, vergib ihnen, denn sie wissen nicht, was sie tun. Unter den Feinden will Christus seinen Sieg erringen. Darum zieht euch nicht zurück, sondert euch nicht ab, sondern „sinnt auf Gutes" gegen jedermann, schaffet Frieden, so viel an euch ist, mit allen Menschen. „So viel an euch ist" – nicht ihr habt es in der Hand, wenn man euch den Frieden nicht lässt, wenn man euch schmäht und verfolgt. Aber „so viel an euch ist", d. h. ihr sollt niemals die Quelle des Streites sein. Euer Herz soll immer des Friedens voll sein. Heißt das, dass wir auch das Wort Gottes verschweigen sollen um des lieben Friedens [willen]? Niemals – aber gibt es denn ein friedevolleres Wort und Werk als die Predigt von dem Frieden, den Gott mit seiner Welt, mit seinen Menschen gemacht hat? „So viel an euch ist“ [–] eines ist nicht an euch, nämlich Gottes Wort zu verschweigen – aber es ist an euch, es zum Frieden zu sagen, zum Frieden der Menschen mit Gott zu sagen, mitten in einer zerrissenen, entzweiten Menschen[welt]. Jesus machte Frieden mit uns, als wir Feinde waren. Er hat auch Frieden geschaffen mit allen unsern Feinden am Kreuz. Diesen Frieden lasst uns bezeugen vor jedermann!

„Rächet euch selber nicht ...“ Wer die Rache in eigene Hand nimmt, der macht sich zum Richter der Welt und der Menschen, und die Rache, die er üben wollte, wird auf sein eigenes Haupt kommen. Wer Rache üben will, der nimmt das Leben seines Feindes in seine eigne Hand und vergisst, dass Gott bereits seine Hand auf diesen Menschen gelegt hat, indem er für ihn starb am Kreuz. Wer Rache sucht an einem Menschen, der macht den Tod Christi zunichte, der macht sich schuldig am Blut der Versöhnung. Christus starb für mich und für meinen Feind, uns beiden zum Heil. Suche ich Rache, so verachte ich das Heil des anderen. Dem anderen mag es nicht schaden, aber ich sage mich eben damit von den Taten Christi los.

Es ist ein schweres Opfer, das Christus von uns fordert, unsere Rache fahren zu lassen, vielleicht das schwerste; denn des Menschen ganzes natürliches Wesen schreit nach Rache gegen die Feinde. Die Lust der Rache geht unserm menschlichen Blut über jede andere Sucht. Aber – wir wissen es, wir können uns nicht mehr rächen. Steht da der Feind vor meinen Augen und überfällt mich die Sucht, endlich einmal Rache üben zu können, dann steht alsbald Jesus Christus hinter meinem Feind und bittet: Erhebe deine Hand nicht, lass mir die Rache, ich will sie üben.

„... gebt Raum dem Zorn Gottes ... [Ich will] vergelten, spricht der Herr.“ Ein furchtbares Wort. Können wir es hören und wissen, was es heißt, dass Gott Rache übt, ohne alsbald zu bitten: „Nein, übe du keine Rache, nein, auch meinem Feinde kann und will ich es nicht wünschen, dass er in Gottes zornige Hände fällt.“ Aber Gott spricht: „Die Rache ist mein, ich will vergelten“ – Gott will und muss Rache üben über die Bösen. Aber – Wunder über

Wunder – Gott hat schon Rache geübt in unbegreiflicher Weise, nicht an uns, die wir seine Feinde waren und noch täglich gegen ihn sündigen, nicht an unsern Feinden, sondern an sich selbst, an seinem lieben Sohn. An ihm suchte er alle unsere Sünde heim und strafte sie. Ihn verstieß er in die Hölle der Verzweiflung und Gottverlassenheit, und in derselben Stunde betet Jesus: Vater, vergib ihnen .... Das ist Gottes Rache, dass er sich selbst Schmerz und Leid zufügt, aber uns verschont und annimmt. Das ist Gottes Rache, dass er selbst das Leiden trägt und seinen Feinden vergibt. Klingt es nicht in uns nach: Haltet euch nicht selbst für klug! Gottes Wege zu euch [sind] zu wunderbar und hoch, zu barmherzig und liebevoll.

Ist es nun noch erstaunlich, dass es gleich nach diesem Wort von dieser Rache Gottes heißt: „So nun deinen Feind hungert ... [so speise ihn; dürstet ihn, so tränke ihn. Wenn du das tust, so wirst du] feurige Kohlen auf sein Haupt sammeln." Gott gab für den Feind sein Leben, sein alles, nun gibst auch du ihm, was du hast: Brot, wenn ihn hungert, Wasser, wenn ihn dürstet, Hilfe, wenn er schwach ist, Segen, Barmherzigkeit, Feindesliebe. Ist er dessen wert? Ja, wer wäre denn der Liebe wert, wer bedürfte denn unsrer Liebe mehr als der, der hasst? Wer ist denn ärmer als er, wer ist hilfsbedürftiger, wer ist liebebedürftiger als dein Feind? Hast du so deinen Feind schon einmal angesehen, als den, der im Grunde bettelarm vor dir steht und dich bittet, ohne es selbst aussprechen zu können: Hilf mir, schenke mir das eine, was mir noch helfen kann aus meinem Hass, schenke mir Liebe, die Liebe Gottes, die Liebe des gekreuzigten Heilandes. Alles Drohen und Fäuste zeigen kommt ja aus dieser Armut, ist im Grunde ein Betteln um Liebe Gottes, um Frieden, um Brüderlichkeit. Du weist den ärmsten der Armen von deiner Tür, wenn du deinen Feind von dir weist.

Feurige Kohlen. Kohlen brennen und schmerzen, wenn sie uns berühren. Auch die Liebe kann brennen und schmerzen. Sie lehrt uns erkennen, wie bettelarm wir sind. Es ist der brennende Schmerz der Buße, der sich bei dem einstellt, der trotz Hass und Drohung nur Liebe, nichts als Liebe findet. Gott hat diesen Schmerz uns kennen gelehrt. Als wir ihn empfanden, war die Stunde der Umkehr da.

Nun bist du am Ziel: „Lass dich das Böse nicht überwinden, *sondern überwinde das Böse mit Gutem.*" So tat es Christus an uns. Er ließ sich durch unser Böses nicht irre machen, nicht überwinden. Er *überwand unser Böses* mit Gutem. Noch einmal wie geschieht [das]: nicht dadurch, dass wir dem Bösen des anderen Nahrung geben an unserm Bösen, dem Hass des anderen an unserm Hass, sondern dadurch, dass das Böse ins Leere stößt und nichts findet, woran es sich entzünden kann. Wie überwinden wir das Böse? Indem wir es vergeben ohne Ende. Wie geschieht das? Indem wir ihn sehen als den, der er in Wahrheit ist, als den, für den Christus starb, den Christus liebt. Wie wird die Gemeinde den Sieg über ihre Feinde erringen? Indem sie die Liebe Christi über die Feinde siegen lässt. Amen.

Predigt zum ersten Advent, 29. November 1931,
DBW 11, S. 385–394

PREDIGT ZU LUKAS 12,35–40

Eine Seligpreisung steht in der Mitte unserer Geschichte: „Selig sind die Knechte, die der Herr, so er kommt, wachend findet." Es ist doch so: Wenn uns angesichts dessen, was wir mit unseren Augen von der Welt sehen, einmal die Welt der Bibel, die Welt Christi völlig zusammenbricht – und wem geschähe das nicht? –, dann bleibt uns Heutigen oft nur eines, das wir als die große Rechtfertigung all unseres christlichen Denkens und Bemühens empfinden: die Seligpreisungen, die Christus über den Menschen spricht. An ihnen, wenn nichts anderes mehr halten will, richten wir uns auf. Diese Worte können nicht ins Nichts hinein gesprochen sein. Wie muss Christus den Menschen geliebt haben, dass er solche Dinge über ihn sagen kann!

Das Eigentümliche aber ist dies: Er redet nicht von einem Menschen, der sein Ideal kämpfend verwirklicht, vom ringenden, strebenden Menschen, sondern er sieht den Menschen schon ganz in Gottes Frieden aufgenommen, schon ganz frei von Streit, Sünden und Sterben. Er sieht ihn also schon hier unter der Macht des Reiches, in dem die Geister, die überwunden haben, selig sind. Weil aber Jesus den Menschen so sieht, darum stehen wir dort, wo Jesus selig preist, als die Unseligen draußen, daneben, fern. Darum wissen wir, dass er nicht von uns redet, jedenfalls nicht, sofern wir die sind, die wir heute nun einmal wirklich sind. Sondern dass die Menschen hier in einer ganz anderen Perspektive gesehen werden, nämlich als die, die sie von sich selbst nie sind; als die, über die der ewige Friede und das ewige Heil Gottes schon gebreitet ist; als Menschen, über die das Herannahen des neuen Himmels und der neuen Erde schon ganz Gewalt gewonnen hat; d. h., als die Menschen in der Perspektive der Zukunft Gottes, in der der leidende, kämpfende, sterbende Gott der Menschengeschichte sich offenbart als der Erste und Letzte, dem der Sieg von Anbeginn an gehört. Und weil Christus von dieser Zukunft weiß aus seinem geheimnisvoll-ewigen Wissen, darum preist er den Menschen selig; selig als einen, über den Gott dereinst kommen wird und der schon heute ganz von diesem Kommen, diesem Überwältigtwerden von Gott lebt, selig als den Wartenden, selig als den wachend Wartenden. Seid gleich den Menschen, die auf ihren Herrn warten. Selig sind die Knechte, die der Herr, so er kommt, wachend findet.

Wir stehen in einem Zeitalter der Weltanschauungen. Selten – vielleicht nie – ist eine Zeit in der Geschichte weltanschaulich so erfüllt, bewegt und zerrissen gewesen wie die unsrige. Es ist bereits eine Frage der Weltanschauung geworden, wie man sich kleidet, was man isst, wie man turnt. Und selten ist man weltanschaulich so gebunden, so doktrinär, so intolerant gewesen wie heute. Nun kann man natürlich über all diese Erscheinungen lächeln und sich überlegen davon zurückziehen. Und doch ist solches Lächeln nicht gut. Man zeigt, dass man nicht verstanden hat, worum es in diesen scheinbar so wunderlichen Dingen geht. Und es ist ja zweifellos ein einziges großes Thema, um das sich unser gesamtes weltanschauliches Denken bewegt. Und das ist der zukünftige Mensch. Wir alle, wo wir nun weltanschaulich stehen, sind uns wohl während der letzten weltgeschichtlichen Ereignisse über eines klar geworden, nämlich dass wir gegenwärtig an einer Wende der Zeiten stehen, der offenbar der gegenwärtige Mensch, wie er nun einmal ist, nicht gewachsen ist. Technik und Wirtschaft sind selbsttätige Gewalten geworden, die den Menschen zu vernichten drohen. Sie richten sich hoch auf und ihre Dämonen bevölkern den Götterhimmel unserer Zeit. Die großen Verwicklungen der Völker treiben Völker in ihren Untergang hinein und doch scheint kein Mensch mächtig genug, dies Schicksal aufzuhalten. Versucht der Künstler dem, was um ihn herum vorgeht, Ausdruck zu verleihen, so entstehen schrille, ungelöste Töne in Musik und Farbe. Und auch den Religionen bleibt es versagt, auch nur einen Schritt hierüber hinauszuführen. Und in der Erkenntnis solcher Niederlage des Menschen vor der Wirklichkeit entsteht die eine große Hoffnung nach einer neuen Art Mensch, nach einer Neugeburt, nach dem Menschen der Zukunft. Ob man sich diesen Menschen denkt als den politischen Menschen, als den ethischen Menschen, den intellektuellen Menschen, den religiösen Menschen, als den Kämpferischen oder den Friedfertigen, es ist alles im Grunde nur die eine große Sorge um den Menschen der Zukunft. Der Mensch soll nicht untergehen. Er soll sich behaupten. Die Mächte der Wirklichkeit sollen ihn nicht niedertreten und knechten. Er soll Herr bleiben der Welt, Herr der Zukunft. Und weil man dies will, darum arbeitet man so fieberhaft an seiner Neugestaltung. Denn die Wolken der Zukunft sind schwarz und niemand weiß, wann und wie sie sich entladen.

Und nun scheint es so, als ob die Bibel in diesem Versuch, eine neue Art Mensch zu schaffen, auch ein Wort mitreden wollte, als ob sie durchaus ihr eigenes Ideal von dem Menschen aufstellte, der der Zukunft entgegengehen soll. Es ist nicht der politische, nicht der ethische, auch nicht einmal der religiöse Mensch, von dem sie redet, sondern es ist der Mensch, der wachend wartet, der wartende Mensch. Denn davon redet doch unser Text offenbar. Das soll doch das Bild bedeuten, das uns Jesus in die Augen malt: Es ist Nacht über dem Land. Aber da steht ein Haus, aus dem Licht in die Nacht dringt. Einige Männer, umgürtet mit Schwertern und Lampen in ihren Händen, schauen aus dem Hause übers nächtliche Land. Sie scheinen zu warten. Es sind Knechte, die ihres Herrn Rückkehr von der Hochzeit nach Haus erwarten, die den Schlaf vertreiben und in freudiger Spannung wachen, um dem Herrn, wenn er kommt, sogleich die Türe aufzutun. Keiner weiß die Stunde, wann er kommen will. Aber sie wissen, er kommt, und darum wachen sie in der Nacht. Wie lange sie wachten? Niemand weiß es – mag sein, sie wachen heute noch unter uns. Und nun preist Jesus diese Knechte selig und sagt zu den Jüngern: Darum seid gleich den Knechten, die auf den Herren warten. Seid auch ihr bereit! Seid wartende Menschen.

Müssen wir uns das heute noch sagen lassen? Müssen wir nicht vielmehr sagen: Wenn es nur aufs Wachen ankäme, dann würden wir alle selig gepriesen. Was ist denn unser gegenwärtiges Leben anderes als ein dauerndes Warten auf Änderung, Besserung? Wenn je eine Generation warten lernen musste, so ist es die unsrige. Man wartet auf bessere politische Zustände, auf bessere Konjunktur. Man wartet auf Anstellung. Man wartet auf Arbeit. Man wartet auf eine neue Moral, auf eine neue Religion. Man wartet, aber wie bei allem Warten mit Bangigkeit. Denn wer weiß, ob das Erwartete je eintritt? Ob es nicht vielleicht ganz anders kommt? Und weil man das nicht weiß, darum muss man sich auf solche Enttäuschungen gefasst machen. Man darf sich durch sie nicht ganz aus dem Gleichgewicht bringen lassen. Man muss fest sein.

Darum liegt aber in all unserem Warten immer schon etwas von Resignation. Unsere sehnlichsten Hoffnungen, unsere Wünsche sind im Innersten immer schon gelähmt, weil wir uns innerlich darauf einstellen müssen, dass sie unerfüllt bleiben. Wir wollen ja auch nicht unvernünftig sein. Und unvernünftig wäre es doch, mit etwas Zukünftigem so zu rechnen, als wäre es schon da, sich schon so darauf einzustellen, so fest darauf zu warten, zu hoffen, dass unser ganzes Leben zerbrechen muss, wenn es dann nicht kommt. Darum aber ist unser vernünftiges Warten ein gequältes Warten, ein unseliges Widereinander von Erraffen, Haben-Wollen und doch dafür nichts aufgeben wollen, von in die Zukunft hinein fantasieren und doch an der Gegenwart kleben, sich auf etwas gespannt richten und doch schon immer vorwegnehmen. Und wir spüren wohl, dass über solches Warten die Seligpreisung Christi nicht gesprochen ist, dass solches Warten nicht das Warten des Advent ist.

Aber wenn durch all dieses vernünftige Warten hindurch, und hinter ihm noch etwas anderes in uns wartet und wenn dieses Warten weit hinausgeht über alles, was wir so vernünftig erwarten können; wenn da eine ganz unstillbare Sehnsucht ist, die dort, wo alles in Erfüllung geht, nicht schweigt oder dort, wo alles scheitert, nur um so stärker aufbegehrt; wenn da ein Warten in uns ist, das sich auf nichts anderes und nichts Geringeres richtet als darauf, dass der Welt ganz und gar geholfen werde, nicht nur mit diesem und jenem Mittel, sondern ganz, wie sie ist; d. h., wenn etwas in uns wartet auf das Unausdenkbarste selbst, nämlich dass Gott selbst zu uns komme, dann freilich könnte es anfangen, bei uns Advent zu werden. Wenn wir durch all das Fragen, Versuchen, Tasten, Warten verwirrt auf einmal die qualvolle Enge unseres Daseins mit allen seinen Wünschen spüren; wenn uns plötzlich angst wird, dass wir mit all unserem Wesen verloren und der Sinnlosigkeit anheimgegeben sind, und wenn es sich uns dann entringt: Ach, dass [du] die Wolken zerrissest und vom Himmel führest ..., dann vielleicht könnten wir etwas wissen von dem, was die Bibel „warten" nennt. Wenn es uns in der langen Nacht bange wird, dass wir unsere Lampen anzünden und in die Nacht hinausschauen, ob der Herr nicht bald kommen will; ja, wenn sich unter uns Menschen einmal wieder so Hoffnungen zu regen beginnen, wenn solche Zeichen und Wunder geschehen, dann ist es vielleicht nicht mehr fern, dass die Seligpreisungen Jesu mit Macht zu den Menschen zurückkehren, dass wir wie von ferne die Stimme dessen vernehmen, der zu uns spricht: Siehe, ich stehe vor der Tür und klopfe an. Und selig sind die Knechte, die der Herr wachend findet. Und dann warten wir wirklich.

Freilich, das ist ein anderes Warten, als unser gewöhnliches Warten. Man wartet ja auch auf etwas anderes, ganz anderes, auf Gott. Und auf ihn kann man doch wohl nicht so warten, dass man bei sich denkt: Es wäre wohl schön, wenn er käme; aber wenn er nicht kommt, nun, so muss ich eben auch ohne ihn weiterleben. Auf Gott kann man doch nicht so resigniert, so maßvoll, so vernünftig warten wie auf eine Gehaltserhöhung. Nein, es ist ein unvernünftiges, maßloses Warten, wenn ein Mensch wirklich Gott meint; wenn er wirklich sich nicht begnügen will mit dem, was ihm als Gottersatz heute von tausend Seiten feilgeboten wird, sondern wenn er einfach weiter wartet, sich sehnt, ausstreckt, hofft, bis es endlich Gott selbst ist, der kommt, der hilft, der tröstet.

Dann ist sein Warten und Hoffen nicht nur so ein Stück wehmütiges Fantasieren, das seine Qual nur noch größer macht, sondern es ist sein Leben selbst. Dann will er nur leben, weil er auf Gott warten darf. Dann gibt es keinen Vorbehalt mehr für ihn, wie für den, der auf vernünftige Weise und auf vernünftige Dinge wartet. Dann tritt er aus sich selbst heraus. Vielmehr, er sieht sich herausgerissen aus seinem bisherigen Warten, in dem er sich nur immer selbst behaupten wollte, und hereingerissen in ein fremdes, übermächtiges, wunderbares Geschehen, das ganz ohne sein Zutun einfach geschieht, herannaht, in die Zeit Gottes, in die Zukunft Gottes, in sein Kommen auf diese Erde. Da wird ihm die Zukunft lebendige Wirklichkeit, da lebt er schon heute unter dem Schatten des Kommenden, nicht irgendeines drohenden Verhängnisses, eines Schicksals, sondern des kommenden Gottes der Gerechtigkeit, der Liebe und des Friedens. Nicht er geht da selbstgewiss den Weg in die Zukunft zu Gott, nein, er nimmt die Zukunft aus Gott. Er weiß, dass nicht er zu Gott gehen kann, sondern dass Gott zu ihm, über ihn kommen muss in seiner unbegreiflichen Gnade, wenn anders sein Leben nicht verloren sein, er nicht umsonst gewartet haben soll. Er kann nichts als warten, wachend warten, d. h. leidenschaftlich, ganz hingenommen; taub gegen jeden, der ihn mit Zweifeln irre macht, blind gegen jede Gewalt, die zwischen ihn und jene Zukunft Gottes treten will. Es geht ihm ja nur um eines: Gott will er sehen. Gott will er hören. Gott will [er] empfangen. Gott will er erkennen. Gott will [er] dienen. Er will unbegreiflicherweise sonst nichts, jedenfalls nichts so, wie er Gott will.

Nun freilich ist es vorüber mit unserem Sicher-Dahinleben. Gott könnte ja plötzlich dazwischen kommen und sein wahres Wort über unser Leben sagen. Wir können uns wohl sicher machen gegen Menschen, gegen das Schicksal, aber niemand kann sicher sein vor dem lebendigen Gott. Da hört der Ruhm auf. Da fallen Paläste und Kronen. Da steht der Mensch vor seinem Schöpfer und Richter, der zu ihm gekommen ist über Nacht. Hat er ihn schlafend oder wachend gefunden? Das ist hier die Frage. Da hilft keine Berufung auf Ämter und Würden, auf Vernünftigkeit und Umsicht. Da ist alle Hoffnung dahin – da endlich richten sich aller Augen auf ihn, wartend und alle Hoffnung in seine Hände legend. Darum aber ist die Seligpreisung über den wachenden Knecht das Todesurteil über alles sichere Leben, über alle krampfhaften Versuche, sein Leben zu sichern, über alle Ängste vor der Zukunft, weil sie das sichere Leben gefährdet, über alles Hasten und Sich-Quälen um das eigene sichere Leben, über alle gar zu große Vernünftigkeit. Der wartende Mensch erwartet alles, alles von Gott. Ja er erwartet Gott selbst und er macht ihm Raum, er will nichts für sich selbst, alles für Gott. Der Wartende allein ist offen, bereit. Er allein kann vom Advent in die Weihnacht gehen. Selig sind die Wartenden.

Wir können nicht umhin zu fragen: Wer bringt es denn heute noch fertig, so zu warten, so in der Zukunft zu leben, als wäre sie Gegenwart, so von Gott zu leben, als wäre er gewisser als mein eigenes Leben? Niemand anders als der weiß, dass der Gott, der da kommen will, schon längst gekommen ist. Dass derselbe Gott, der in die Mitte der Geschichte eingegangen [ist] in unsichtbar stiller Weise in Jesus Christus, der Erste ist und der Letzte sein wird. Gott ist gekommen. Darum allein können wir warten, dass er immer und immer wieder kommt und dass er einst zum letzten Mal kommen wird, nicht mehr verhüllt ins Kleid der Geschichte, des Leidens und des Todes, sondern sichtbar aller Welt als Richter und Erlöser am Ende der Zeit. Weil Gott gekommen ist, darum warten wir. Weil aber sein erstes Kommen der Welt ein Geheimnis bleibt, und weil nur der, den Gott selbst in das Geheimnis hineingezogen hat, ihn sieht, darum kann auch dieser das Geheimnis seines ewigen Wiederkommens begreifen. Niemand besitzt Gott so, dass er nicht mehr ganz auf ihn warten müsste. Und doch niemand kann auf *Gott* warten, der nicht wüsste, dass Gott schon längst auf ihn gewartet hat.

Damit aber kommen wir zu unserem Ausgangspunkt zurück. Es ist kein neues Ideal eines zukünftigen Menschen, das Jesus uns zur Verwirklichung vor die Augen stellt, sondern es ist der Mensch Gottes selbst, von dem Jesus redet, wenn er den wachend Wartenden selig preist. Ein Mensch Gottes aber wird kein Mensch aus eigener Kraft, sondern allein durch Gnade, aus Gottes unbegreiflicher Barmherzigkeit, allein durch Warten. Oder doch nicht durchs Warten – denn der Mensch kann ja nur warten, weil Gott kommt. Keiner sieht's dem anderen an, ob er zu diesen selig Wartenden gehört. Denn keiner sieht's dem anderen an, ob Gott zu ihm kommt. Darum bitten alle, die unter uns mit Ernst Christen sein wollen, in dieser Stunde: Gott, komm in unser Warten hinein. Gott, wir warten auf dein Heil, dein Gericht, auf deine Liebe und deinen Frieden. Jesus spricht zu uns: Siehe, ich stehe vor der Tür und klopfe an, wir aber sprechen: Ja, komm, Herr Jesu. Amen.

Der Mut zur Nachfolge

Barmherziger Gott,
vergib mir alles, was ich an dir
und an Menschen gesündigt habe.
Ich traue deiner Gnade
und gebe mein Leben ganz in deine Hand
Mach du mit mir,
wie es dir gefällt und wie es gut für mich ist.
Ob ich lebe oder sterbe,
ich bin bei dir und du bist bei mir, mein Gott
Herr ich warte auf dein Heil und auf dein Reich.
Amen

Dietrich Bonhoeffer, November 1943, DBW 8, S. 208

Tagebuch Amerikareise, 11. Juni 1939, DBW 15, S. 219

Wenn nur die Zweifel am eigenen Weg überwunden wären. Das eigene Suchen nach des Herzens Grund, der doch unergründlich ist – „Er kennt ja unseres Herzens Grund". – Wenn das Durcheinander der Anklagen und Entschuldigungen, der Wünsche und Ängste alles in uns undurchsichtig macht, dann sieht Er in aller Klarheit bis auf den Grund. Dort aber findet Er einen Namen, den Er selbst eingeschrieben hat: Jesus Christus. Und so in aller Klarheit werden wir einmal in den Grund des göttlichen Herzens sehen und dort wird dann ein Name zu lesen sein, nein, zu sehen sein: Jesus Christus. – So wollen wir Sonntag feiern. Einst werden wir erkennen und schauen, was wir heute glauben, einst werden wir in Ewigkeit gemeinsam Gottesdienst halten.

Der Anfang, das Ende, o Herr, sie sind dein,
Die Spanne dazwischen, das Leben, war mein.
Und irrt ich im Dunkeln und fand mich nicht aus,
Bei dir, Herr, ist Klarheit und Licht ist dein Haus.

Noch eine kleine Zeit, dann ist es gewonnen,
dann ist der ganze Streit in nichts zerronnen.
Dann will ich laben mich an Lebensbächen
Und ewig, ewiglich mit Jesus sprechen.

Tagebuch Amerikareise, 9. Juni 1939, DBW 15, S. 218

Gott erwählt sich den Sünder zum Knecht, damit seine Gnade ganz deutlich werde. Der Sünder soll Sein Werk tun und Seine Gnade ausbreiten. Wem Gott vergeben hat, dem gibt er einen Dienst zu tun. Aber dieser Dienst kann in nichts anderem bestehen als im Nachfolgen. Große Programme führen uns immer nur dorthin, wo wir selbst sind; wir aber sollten uns nur dort finden lassen, wo Er ist.

Traueransprache für seine Großmutter Julie Bonhoeffer,
15. Januar 1936, DBW 14, S. 922–925

In großer Dankbarkeit stehen wir heute am Grab unserer guten entschlafenen Großmutter. Gottes Hand ist freundlich über uns gewesen, dass er sie bis heute unter uns gelassen hat. Wir können uns unser eigenes Leben nicht mehr denken ohne das ihre. Sie gehört ganz zu uns und sie wird immer ganz zu uns gehören. Und Gottes Hand ist auch freundlich über ihr gewesen bis zuletzt. Er hat sie nicht allein sein lassen. Er hat sie Kinder, Enkel und Urenkel sehen lassen. Er hat sie noch mitten in ihrer letzten schweren Krankheit für ein paar Tage fröhlich und gesund sein lassen, dass sie den heiligen Abend noch einmal mit dem ganzen großen Haus feiern konnte, wie in all den Jahren zuvor. In großer Klarheit und Liebe hat sie bis zuletzt an all dem teilnehmen können, was jeden von uns persönlich oder beruflich bewegte. Sie hat nach allen gefragt, die ihr nahestanden, und für jeden gute und liebe Gedanken und Wünsche gehabt. Gott hat ihr auch gegeben, in Klarheit zu sehen, wie es um sie stand, und er hat ihr die Kraft dazu gegeben, sich darein zu schicken. Und wenn wir heute traurig werden wollen, dass sie nicht mehr bei uns ist, so sollen wir doch darüber niemals vergessen, wie dankbar wir sein müssen.

„Herr Gott, du bist unsere Zuflucht für und für." In einem so langen Leben wie dem ihren gibt es Stunden, in denen man dies besonders lernen muss, dass man eine Zuflucht braucht. Früh hat sie ihren Vater verloren, zwei Söhne hat sie als Kinder hergeben müssen, im Krieg fielen drei Enkelsöhne; im Alter wurde es stiller um sie, als der Großvater starb, als ihre Geschwister heimgingen, als zuletzt noch wenige Jahre vor ihrem Tod unser guter Onkel Otto, ihr ältester Sohn, von uns ging. Gott hat oft sichtbar in ihr Leben eingegriffen; da hat sie es immer wieder lernen müssen, was sie von Kind auf gewusst hat: „Herr Gott, du bist unsere Zuflucht für und für. Ehe denn die Berge wurden und die Erde und die Welt geschaffen wurden, bist du, Gott, von Ewigkeit zu Ewigkeit." Daran hat sie sich auch in ihrer Krankheit gehalten. Sich in den Willen Gottes schicken; tragen, was einem auferlegt ist; beherrscht und klar das Gegebene, das Wirkliche ins Auge fassen; tun, was nötig und geboten ist; schweigend und ohne Klage mit sich abmachen, worin einem ein anderer nicht helfen kann, und in alledem sich eine große innere Fröhlichkeit und kraftvolle Lebensbejahung bewahren – so hat sie ihr Leben aufgefasst und geführt, so ist sie gestorben, und so haben wir sie geliebt.

„Der du die Menschen lässest sterben und sprichst: Kommt wieder, Menschenkinder." Sie hat dies Wiederkommen sehen dürfen in drei Generationen, und das war ihre größte Freude im Leben. Für ihre Kinder, Enkel und Urenkel war sie immer da, sie hatte immer und für alles Zeit, Ruhe und Rat. Und obwohl sie ganz mit jedem Einzelnen mitlebte, so kamen doch ihr Urteil und ihr Rat immer aus einem weiten Abstand von den Dingen, aus einem unvergleichlichen Wissen um alles Menschliche und aus einer großen Liebe. Und während sie so die Generationen kommen und wachsen sah, wurde sie selbst bereit zum Gehen. In aller Erfahrung und Weisheit spürte man, dass sie von einer demütigen Erkenntnis der Grenzen alles menschlichen Wissens, Urteilens und Lebens getragen war. „Tausend Jahre sind vor dir wie der Tag, der gestern vergangen ist, und wie eine Nachtwache."

„Unser Leben währet siebzig Jahre, und wenn es hoch kommt, so sind es achtzig Jahre, und wenn es köstlich gewesen ist, so ist es Mühe und Arbeit gewesen." 93 Jahre alt ist sie geworden, und sie hat uns das Erbe einer anderen Zeit vermittelt. Mit ihr versinkt uns eine Welt, die wir alle irgendwie in uns tragen und in uns tragen wollen. Die Unbeugsamkeit des Rechtes, das freie Wort des freien Mannes, die Verbindlichkeit eines einmal gegebenen Wortes, die Klarheit und Nüchternheit der Rede, die Redlichkeit und Einfachheit im persönlichen und öffentlichen Leben – daran hing ihr ganzes Herz. Darin lebte sie. Sie hat es in ihrem Leben erfahren, dass es Mühe und Arbeit macht, diese Ziele wahr zu machen im eigenen Leben. Sie hat diese Arbeit und Mühe nicht gescheut. Sie konnte es nicht ertragen, wo sie diese Ziele missachtet sah, wo sie das Recht eines Menschen vergewaltigt sah. Darum waren ihre letzten Jahre getrübt durch das große Leid, das sie trug über das Schicksal der Juden in unserem Volk, an dem sie mittrug und mitlitt. Sie stammte aus einer andern Zeit, aus einer andern geistigen Welt – und diese Welt sinkt mit ihr ins Grab. Dieses Erbe, für das wir ihr danken, verpflichtet.

Aber nicht nur ihr Leben, sondern gerade auch ihr Tod soll uns zur Lehre werden. Herr, „lehre uns bedenken, dass wir sterben müssen, auf dass wir klug werden". Auch solches sinnerfüllte, bewusste Leben steht unter dem Todesgesetz, das auf allem Menschlichen lastet. Auch wir müssen einmal gehen, mit all unseren Idealen, Zielen und unserer Arbeit. Klug werden, das heißt von seiner Grenze, von seinem Ende wissen, aber vielmehr noch von dem Jenseits dieser Grenze wissen, von dem Gott, der ist von Ewigkeit zu Ewigkeit, in dessen Hände wir fallen, ob wir wollen oder nicht, in dessen Händen sie jetzt aufgehoben ist in Ewigkeit. Was sollen wir über solchem erfüllten und reichen Leben noch sagen? Wir rufen den Gott an, der unsere Zuflucht ist, zu dem wir fliehen können in aller Not und Traurigkeit; Jesus Christus, in dem alle Wahrheit, alle Gerechtigkeit, alle Freiheit und alle Liebe ist. Wir rufen den Gott an, der allen Hass, alle Lieblosigkeit, alle Unruhe überwunden hat durch seine unüberwindliche Liebe am Kreuz Jesu Christi. Wir bitten, dass sie schauen dürfe in Ewigkeit, was hier verhüllt und verborgen bleibt unter Sünde und Tod, dass sie in Frieden und Klarheit schauen dürfe das ewige Angesicht Gottes in Jesus Christus.

Der Anfang, das Ende, o Herr, sie sind dein,
Die Spanne dazwischen, das Leben war mein;
Und irrt' ich im Dunkeln und fand mich nicht aus –
Bei dir, Herr, ist Klarheit, und Licht ist dein Haus.

Und nun wollen wir nicht mehr traurig sein. Das war nicht ihr Sinn. Sie wollte nie einen Menschen traurig machen. Wir müssen zurück an unsere Arbeit und an unser Tagewerk. So hat sie es gewusst und gemeint. Sie liebte über alles die Tat und das Tagewerk.

Darum wollen wir gestärkt von ihrem Grab fortgehen. Gestärkt durch ihr Bild, ihr Leben und Sterben, gestärkt aber vielmehr durch den Glauben an den Gott, der ihre und unsere Zuflucht ist für und für, gestärkt durch Jesus Christus. „Und der Herr, unser Gott, sei uns freundlich und fördere das Werk unserer Hände bei uns; ja das Werk unserer Hände wolle er fördern!" Amen.

Predigt, Sommer 1932, DBW 11, S. 414–416

ANDACHT ZU JOHANNES 8,31f

Dieser Text ist gut zum Anfangen, weil er uns auf einen Gedanken aufmerksam macht, den wir gern vergessen, wo es um Fragen der Religion geht, und der doch in der Religion der Zentralgedanke ist. Wir haben uns daran gewöhnt, in der Religion etwas zu sehen, was einem Bedürfnis der menschlichen Seele entspricht und dies Bedürfnis stillt. Etwas, das von der Unruhe des Daseins zur Ruhe, von der Hast in die Stille führen soll. Etwas, in dem wir ganz fern von unserem beruflich-alltäglichen Leben einmal ganz zu uns selbst kommen. Wir sagen dann wohl, Religion sei etwas Schönes, etwas Wertvolles, etwas Notwendiges im Leben. Sie sei das Einzige, was den Menschen im Tiefsten glücklich machen könne.

Aber wir vergessen darüber die eine entscheidende Frage, ob Religion auch etwas Wahres sei, ob sie die Wahrheit sei. Denn es könnte ja sein, dass die Religion wohl schön, aber nicht wahr ist, und [dass] dies alles eine schöne, fromme Illusion, aber eben doch eine Illusion sei. Und der wütendste Kampf gegen die Religion hat sich daran entzündet, dass man in der Kirche selbst oft so geredet hat, als ob die Wahrheitsfrage die zweite Frage in der Religion sei. Wer aber so redet, der sieht die Religion allein vom Menschen und seinen Bedürfnissen her und nicht von Gott und seinem Anspruch her. Und darum ist es wichtig, dass uns hier gleich zu Anfang das eine ganz klar wird und dass wir uns dies vom Neuen Testament sagen lassen, dass es der Religion wesentlich nur auf eines ankommt, nämlich wahr zu sein. Wahrheit, das ist höchster Wert nicht nur in der Wissenschaft, sondern noch viel mehr und viel dringlicher in der Religion, auf die wir ja unser Leben begründen wollen.

Aber wie erkenne ich dies, wovon die christliche Verkündigung redet, als Wahrheit? Und hier gibt die Bibel eine seltsame Antwort: „So ihr bleiben werdet an meiner Rede ... [so seid ihr meine rechten Jünger und werdet die Wahrheit] erkennen." Nicht durch freie Forschung, nicht durch uninteressiertes Denken und Suchen nach ihr, sondern allein durch den freien Lebensversuch, sein Leben einmal ganz auf das Wort Christi zu setzen; einmal ganz und gar mit ihm zu leben, ihm nachzuleben, ihn zu hören, ihm zu gehorchen. Erst wer sein Leben einmal so ganz eingesetzt hat, vermag zu urteilen, ob Christus die Wahrheit sagt und ist. Und Christus gibt die Verheißung: Wer das einmal wagt, der wird die Wahrheit erkennen. Nur im Leben erkennt man Wahrheit. Nur im Kampf erprobt man Waffen.

Und zuletzt: Die Wahrheit wird euch frei machen! Das ist die Gabe der Wahrheit. Wer die Macht der Wahrheit hinter sich hat, ist der freieste Mann. Er fürchtet nichts, er ist durch nichts gebunden. Kein Vorurteil, kein schwächliches Nachgeben gegenüber trügerischen Hoffnungen, sondern gebunden an eines, an das Eine, an die Wahrheit, die die Wahrheit Gottes ist, die aller Wahrheit Bestand verleiht. Wer mit der Wahrheit Gottes ist, der ist wahrhaft frei. Gott, mach uns frei. Amen.

Vorlesung Mitschrift: Seelsorge, Sommer 1935, DBW 14, S. 556

Ziel der Predigt ist nicht, aus traurigen Menschen fröhliche, aus ängstlichen mutige zu machen; das fällt nebenbei zu, sondern dass an Gott geglaubt wird. Allein Gott selbst soll in der Predigt verkündigt werden. So gewiss kann es auch in der Seelsorge nur Gott selbst sein, der Trost und Kraft und Hilfe ist. Also *nicht Erwir-*

kung seelischer Zustände. Sondern Christus in allem allein verkündigt. Die Seelsorge löst sich von ihrem Auftrag, wenn ihr nicht alles daran geht, falschen Trost, falsche Hilfe, die nicht allein Gott selbst ist, hinwegzuräumen. Seelsorge ist Verkündigung Gottes als alleiniger Trost, Hilfe und so weiter an den Einzelnen.

Predigt, 9. September 1928, DBW 10, S. 505–511

PREDIGT ZU 2 KORINTHER 12,9

Wenn wir einmal mitten drin stecken in der Schuld, in der Not, im Elend, wenn uns ein Verhängnis einmal bedroht, wie auf jenem berühmten Bild einer gefesselt einem furchtbaren, ihm immer näher kommenden Ungeheuer gegenübersteht und sich nicht mehr wehren kann, wenn die Wasser steigen und steigen und uns bis an den Hals reichen, wenn der Alp schwerer und schwerer wird und wir vor lauter Herzensangst nicht mehr aufatmen, nicht mehr schreien können, dann ringt sich wohl aus unserer Brust mit letzter Kraft einmal ein Ruf, ein Hilferuf: Herr Gott, komm und hilf du; ich kann nicht mehr; deine Wasser gehen zu hoch, ich versinke, halt auf das Unheil, reiß mich aus dem Elend, hemme das Verhängnis, zieh mich aus meiner tiefen Schuld.

Auch Paulus hat einmal so zu Gott geschrien; Paulus war ein schwer kranker Mann, er war Epileptiker. Immer wieder fasste ihn die furchtbare Krankheit und nahm ihm Kraft und Mut zum Leben und Arbeiten. So hat er denn dreimal zu Gott in seiner Not geschrien: Nimm von mir den Dorn, den du mir ins Fleisch gesenkt hast, und hat gehofft und gebetet, dass Gott ihm willfahren würde – und er hat sich getäuscht, er blieb krank, ihm wurde nicht geholfen, er hatte vergeblich gehofft. Dafür aber hat Gott ihm eine Antwort gegeben, die größer ist als alle irdische, leibliche Hilfe: Lass dir an meiner Gnade genügen; denn meine Kraft ist in den Schwachen mächtig. Um unseren Text verstehen zu können, gehen wir einmal von einer ganz anderen Frage aus: Wozu ist die Religion da? Was ist eigentlich ihr Sinn und ihr Nutzen? Fragen wir herum bei den Religion der Welt, so bekommen wir eine einzige Antwort: um den Menschen glücklich zu machen, äußerlich und innerlich. Glück und Religion gehören zusammen wie der Glanz zum Gold; Religion, die nicht glücklich macht, ist keine Religion. Das heißt aber: Die Religion wird vom Menschen aus gedacht und nur in Beziehung auf den Menschen als den Mittelpunkt der Welt bewertet. Was sagt nun die Bibel hierzu? Sie legt den Finger auf ein einziges Ereignis, ein einziges Zeichen, und überlässt es uns, darüber nachzudenken: auf das Kreuz Jesu. Hier ist das Unerhörte geschehen, die Gleichung zwischen Religion und Glück ist ein für allemal zerbrochen am Kreuz, wo Gott für den Menschen in Liebe stirbt. Oder will es einer wagen, hier vielleicht von innerem Glück zu reden, wo Jesus, der Gesandte Gottes, mit dem Schrei: Mein Gott, warum hast du mich verlassen? – stirbt? Religion und Glück, inneres und äußeres sind auseinandergebrochen in diesem Augenblick, dafür ist der Himmel zerrissen und über dem Kreuz erschien das neue, unbekannte, unbegreifliche Wort: Gnade, Liebe, nicht als ein neues Geschehen auf der Erde, sondern als ein neues Wort Gottes; und dies Wort wurde nicht gesprochen über einem Kaiserthron eines messianischen Weltreiches, nicht auf den Höhen der Menschheit, sondern über einem Verbrecherhügel, dort, wo ein frommer Mann mit dem Schrei der Gottverlassenheit am Kreuz stirbt. Damit ist von vornherein der Unterschied von Christentum und sämtlichen anderen Religionen klar: hier Gnade, dort Glück, hier Kreuz, dort Krone, hier Gott, dort Mensch.

Lass dir an meiner *Gnade* genügen – das ist das Wort des Kreuzes, erraffe das Glück – das ist die Predigt des Heidentums.

Wo willst du dich hin entscheiden? Zur Gnade Gottes, die den Kreuzeshügel in Licht umflutet und die du dort findest, wo dein eigenes Kreuz steht, in der Entsagung, im Verzicht auf Erfüllung deiner Lust, auf Glück – oder zum Glück innerlich und äußerlich, das die Welt verklärt? Zur Gottesreligion oder zur Menschenreligion? Da kann man nicht schnell ja oder nein sagen, dazu muss man erst ein Stück Wirklichkeit von beiden kennengelernt haben. Es ist gewiss nicht leicht, dort, wo uns alles versagt wird, Gott zu finden, dort, wo wir verzichten müssen, Gnade zu *sehen,* die wir doch nicht sehen können, uns an der Gnade Gottes wirklich genügen zu lassen. (Wer nimmt uns die Last von der Schulter, wer trägt unser Kreuz? Wer hilft dort, wo wir am Rande der Verzweiflung sind?) Es blühen so schöne Blumen, es reifen so goldene Früchte im Garten der Welt, die uns versagt bleiben, solange wir leben.

Da liegt ein treuer Freund, der Gatte, das einzige Kind auf dem Krankenbett, und wir sinken auf die Knie, Herr hilf du, schone uns, nimm uns nicht das Liebste, was wir auf der Welt haben, und Gott hört nicht, der Tod streicht durchs Zimmer und über dem geliebten Toten ruft eine unsichtbare Stimme uns ins Herz: Lass dir an meiner Gnade genügen. Wir möchten auffahren in wildem Schmerz, ist es ein Hohn auf unser Elend und Weh dies Wort von der Gnade, die doch nicht hilft, wenn man zu ihr schreit – oder ist's vielleicht die tiefste Wahrheit und das gewaltigste, königlichste Geschenk, wenn einem das Wort gesagt wird?

So manches zerbrochene Leben, viel weinende Augen und blutende Herzen hat dies Wort gesehen, über vielen Gräbern hat es geleuchtet, zu Krankenbetten ist es gedrungen, es ist überall dort hineingezogen, wo Gott dem Menschen Verzicht, Entsagung geboten hat. Gewiss, es ist furchtbar, wenn uns unser Leben eines Tages scheitert, zerbricht und aus allen Fugen geht, aber es gibt eine Wirklichkeit, die noch viel, viel furchtbarer ist auf der Welt. Und sie gerade entspringt aus der Religion, aus der Sittlichkeit. Nicht vom Glück der Welt entsagen ist das Härteste, [vor] was uns Gott stellt, sondern dem Guten, ja Gott selbst entsagen müssen, das ist das, woran wir am allerschwersten tragen und was uns zu Boden wirft immer wieder. Dem Guten, Reinen, Göttlichen entsagen müssen – was heißt das? Nur der versteht es, der einmal in seinem Leben ernst machen wollte mit dem Willen Gottes, der Einkehr und Umkehr halten wollte, der einmal zusammenbrach unter der Last des Bösen, die er auf sich geladen hatte, der die Hässlichkeit und Niedertracht seiner Art ganz tief eingesehen hatte, und der dann in Tränen sich zurückwandte und den Weg Gottes gehen wollte; und dann kam die Hoffnung, dass nun alles gut und recht gehen würde, wenn man nur wollte – und dann, ja dann kam der erste Rückfall und wir erschraken bis ins Innerste davor, Herr Gott, es war wirklich das letzte Mal, vergib noch diesmal – und dann ging [es] weiter und es kam die große Enttäuschung, die größte und entsetzlichste, die wir in unserem Leben erfahren, dass wir nicht gut, nicht rein sein können, dass wir immer wieder absinken hinter dem, was wir uns vornahmen, dass der Augenblick stärker ist als der Vorsatz und dass wir das Gute nicht erreichen können. Wir liegen auf den Knien vor Gott, mach mich rein, mach mich gut, und schon der nächste Tag bringt die erschütternde Erkenntnis, dass wir untreu werden. – Du meinst, das sei übertrieben – schau nur einmal hinein in den Willen Gottes ganz ernst. Schau Jesus an und dann ebenso fest in dich selbst, und du wirst erschaudern. – Es ist so, das Böse, Sündige, Gemeine ist übermächtig in uns, und wir bleiben in seinem Bann, solange wir leben – und wir würden am Guten, am Heiligen, an uns selbst und an Gott verzweifeln, wenn uns nicht das Wort gegeben wäre: Lass dir an meiner Gnade genügen, denn meine Kraft ist in den Schwachen mächtig.

Damit ist es also klar, dass uns *die Religion* nicht die Erfüllung dessen gibt, was die Welt versagt, dass die Religion nicht Glückstifterin auf Erden ist. Nein, mit der Religion ist das Unglück, die Unruhe, die Entsagung in der Welt mächtig geworden. Allem, was in der Welt geschieht, tritt gegenüber das Wort von der Gnade. Lass dir an meiner *Gnade* genügen. *Was ist Gnade?* Sie ist etwas Unanschauliches, was wir in unserem Leben nicht unmittelbar zu spüren bekommen, im Gegenteil, sie ist etwas durch und durch Unwahrscheinliches, Unglaubwürdiges nach dem zu urteilen, was wir hier erleben. Sie redet von einem Geschehen jenseits aller Welt und will uns von unserer eigenen Welt hinwegziehen zu jener hin. Ein dunkler Abgrund tut sich auf, und eine Stimme befiehlt: Spring hinüber, ich nehme dich auf; ich halte dich fest; ich strecke meine Hand aus, nun wag dein Leben daran, verlass dich auf mich, und auf nichts anderes. Meine Gnade genügt dir; ich bin die Liebe, ich habe dich bei deinem Namen gerufen. Du bist mein.

Ja, wenn nur nicht in der Welt alles so anders aussähe, als ob es einen Gott der Liebe gäbe, wenn Gott nur schon hier meine Wünsche erfüllte, dann wäre es leicht, den Schritt zu wagen; da aber fällt uns Gott ins Wort: Meine Gedanken sind nicht eure Gedanken, meine Wege sind nicht eure Wege ... Das heißt: Was auf der Welt geschieht, das verstehen wir noch nicht, nur eines sollen wir wissen, dass es von Gott geschieht und dass er unser Bestes will und dass er, mag es gehen so oder so, mit seiner Gnade bei uns ist. Wir werden die Gedanken Gottes über uns nicht verstehen, wir werden auch seine Gnade nicht fühlen, nicht tasten, nicht sehen, sondern gerade nur seinen Zorn – weil Gott Gott ist, und weil er es sagt, darum können wir auch dort wo uns alles versagt wird, an Gottes Gnade glauben. *An Gottes Gnade glauben* – das heißt aber, plötzlich sich den Boden unter [den] Füßen weggezogen fühlen, heißt, dort stehen, wo eigentlich kein Mensch stehen kann, heißt, etwas grenzenlos Widersinniges und grenzenlos Mutiges unternehmen, heißt, nicht mehr die Welt sehen, sondern Gott, heißt, nicht mehr unser Unheil und unsere Schuld sehen, sondern die Überfülle Gottes; heißt, selbst ganz klein werden, und Gott groß werden sehen, heißt, den unbegreiflichen Widerspruch ernst nehmen, dass Gott mit der Welt etwas zu tun haben will – trotz allem, heißt erkennen, dass Gott größer [ist] als alle Not, dass Gott größer ist als unser Herz, das uns verdammt.

Nicht wühlen in unserem Elend, in unserer Schuld, sondern hinauskommen über sich selbst und auf das Kreuz schauen, wo Gott alles Elend und alle Schuld selbst auf sich geladen und getragen hat, und damit über all die, die schwer tragen müssen, seine Liebe ausgegossen hat. Elend und Schuld der Menschen und Gnade und Liebe Gottes – das gehört zusammen. Dort, wo viel Elend und viel Schuld ist, da ist erst recht viel Gnade und erst recht viel Liebe Gottes. Das heißt: Dort, wo der Mensch ganz klein und schwach wird, da hat Gott seine Herrlichkeit offenbart. Nicht bei den Starken, bei den Behüteten, den „Gerechten", sondern bei den

Elenden und Schuldigen, die zu ihm schreien, ist Gottes Liebe; seine Kraft ist in den Schwachen mächtig; wo ich schwach bin, da bin ich stark. Das heißt: Gerade weil die Welt uns die Erfüllung unserer Sehnsucht nicht bringt, weil es eine Welt des Entsagens und Verzichtens, eine Welt des Leidens im tiefsten Sinne ist – darum kann ich gewiss sein, dass Gott bei ihr ist. Wo das Herz des Menschen zertrümmert ist, da zieht Gott ein, wo ein Leben an den Felsen der Wirklichkeit zerschmettert, da leuchtet plötzlich das Licht der göttlichen Hilfe. Wenn das Meer in der Nacht am wildesten wütet, da geht die Sonne auf. Dort, wo der Mensch groß sein will, da will Gott nicht sein, dort, wo der Mensch im Dunkel zu versinken scheint, da richtet Gott das Reich seiner Herrlichkeit und Liebe auf, wie der Täufer Johannes sagte: „Ich muss abnehmen, er aber muss wachsen." Je schwächer die Menschen, desto gewaltiger Gott. Das ist so gewiss, wie dass am Kreuz Christi sich Liebe Gottes und menschliches Unglück treffen, so gewiss, wie dass das Kreuz Christi die Gleichung Religion = Glück zerbrochen hat. Lass dir an meiner Gnade genügen, denn meine Kraft ist in den Schwachen mächtig. Hoffe nicht auf Glück, hoffe nicht auf Erfüllung in dieser Welt. Dort, wo die ganze Heillosigkeit der Menschheit, ihre ganze Sehnsucht und ihr ganzes Entsagenmüssen am deutlichsten zutage tritt, dort, über dem Elend und der Schuld der Großstädte, dort, in den Häusern der „Zöllner und Sünder", dort, über den Anstalten menschlichen Jammers und Elends, dort, über den Gräbern unserer Lieben, dort, in dem Herzen dessen, dem seine Lebensfreude genommen ist, dort, in der Brust dessen, der über seiner Schuld sich nicht wieder aufrichten kann, dort triumphiert das Wort von der göttlichen Gnade, hier unanschaulich, unsichtbar, dort in Herrlichkeit, hier unwahrscheinlich, dort Wirklichkeit, hier als ein Wetterleuchten am Horizont der Zeiten, dort als das blitzende Licht der Ewigkeit.

Wir, die wir in der Welt des Entsagenmüssens leben und an der Unerfülltheit unserer Sehnsüchte leiden, in Elend oder Schuld, wir sehen nicht mehr uns, wir schauen aufs Kreuz, wo Gott in Liebe uns nahen kann, mag's nun stürmen und wettern, mag der

Bau unseres Lebens wanken und zittern, mag die Not des Sterbens ihre Opfer fordern, mag unsere Schuld bis zum Himmel wachsen – wir fassen die Hand unseres Erlösers am Kreuz und rufen über das Tosen der Welt hinaus zu ihm: Ich lasse dich nicht, du segnest mich denn.

An Karl und Paula Bonhoeffer: Brief aus dem Gefängnis, 14. Juni 1943, DBW 8, S. 99

Das P. Gerhardt'sche Pfingstlied mit den schönen Versen: „Du bist ein Geist der Freude" und „Gib Freudigkeit und Stärke ..." sage ich mir seit gestern Abend alle paar Stunden auf und freue mich daran, dazu die Worte: „der ist nicht stark, der nicht fest ist in der Not" (Sprichwörter 24) und „Gott hat uns nicht gegeben den Geist der Furcht, sondern der Kraft und der Liebe und der Besonnenheit" (2 Timotheus 1).

Brief aus dem Gefängnis, 22. Dezember 1943, DBW 8, S. 252

„Im Glauben" kann ich alles ertragen (– hoffe ich –), auch eine Verurteilung, auch die anderen befürchteten Folgen (Psalm 18, 30); aber eine ängstliche Vorsicht zermürbt. Macht euch bitte keine Sorgen um mich, wenn etwas Schlimmeres geschieht. Das haben andere Brüder auch schon durchgemacht. Aber ein glaubensloses Hin- und Herschwanken, ein endloses Beraten ohne Handeln, ein Nichts-wagen-Wollen, das ist eine wirkliche Gefahr. Ich muss die Gewissheit haben können, in Gottes Hand und nicht in Menschenhänden zu sein.

Aus: Nachfolge. Vorwort, 1937, DBW 4, S. 24

Wohin wird der Ruf in die Nachfolge diejenigen führen, die ihm folgen? Welche Entscheidungen und Scheidungen wird er mit sich bringen? Wir müssen mit dieser Frage zu dem gehen, der allein die Antwort weiß. Jesus Christus, der Nachfolge gebietet, weiß allein, wo der Weg hingeht. Wir aber wissen, dass es ganz gewiss ein über alle Maßen barmherziger Weg sein wird. Nachfolge ist Freude.

Es scheint heute so schwer zu sein, den schmalen Weg der kirchlichen Entscheidung in aller Gewissheit zu gehen und doch in der ganzen Weite der Christusliebe zu allen Menschen, der Geduld, der Barmherzigkeit, der „Philanthropie" Gottes (Titus 3,4) mit den Schwachen und Gottlosen zu bleiben; und doch muss beides beieinander sein, sonst gehen wir Menschenwege. Gott schenke uns in allem Ernst des Nachfolgens die Freude, in allem Nein zur Sünde das Ja zum Sünder, in aller Abwehr der Feinde das überwindende und gewinnende Wort des Evangeliums. „Kommet her zu mir alle, die ihr mühselig und beladen seid; ich will euch erquicken. Nehmet auf euch mein Joch und lernet von mir; denn ich bin sanftmütig und von Herzen demütig; so werdet ihr Ruhe finden für eure Seelen. Denn mein Joch ist sanft und meine Last ist leicht." (Matthäus 11,28ff)

Aus: Nachfolge. Der Ruf in die Nachfolge, 1937, DBW 4, S. 46

Es gibt keinen anderen Weg zum Glauben als den Gehorsam gegen den Ruf Jesu. Was wird über den Inhalt der Nachfolge gesagt? Folge mir nach, laufe hinter mir her! Das ist alles. Hinter ihm hergehen, das ist etwas schlechthin Inhaltloses.

Aus: Nachfolge. Der Ruf in die Nachfolge, 1937, DBW 4, S. 50

Weil aber Jesus der Christus ist, darum musste es von vornherein deutlich werden, dass sein Wort nicht eine Lehre, sondern eine Neuschöpfung der Existenz ist. Es galt, mit Jesus wirklich zu gehen. Wen er rief, dem war damit gesagt, dass für ihn nur noch eine einzige Möglichkeit des Glaubens an Jesus besteht, nämlich die, dass er alles verlässt und mit dem menschgewordenen Sohn Gottes geht.

Aus: Nachfolge. Der Ruf in die Nachfolge, 1937, DBW 4, S. 52

Nur der Glaubende ist gehorsam, und nur der Gehorsame glaubt.

Aus: Nachfolge. Der einfältige Gehorsam, 1937, DBW 4, S. 69

Es war in all dem nur eines gefordert: sich auf das Wort Jesu Christi zu verlassen, dieses Wort für einen tragfähigeren Boden zu halten als alle Sicherheiten der Welt. Die Mächte, die sich zwischen das Wort Jesu und den Gehorsam stellen wollten, waren damals ebenso groß wie heute. Der Vernunft widersprach, das Gewissen, die Verantwortung, die Pietät, ja selbst das Gesetz und das Schriftprinzip traten ins Mittel, um dieses Äußerste, diese gesetzlose „Schwärmerei" zu verhüten. Aber der Ruf Jesu durchbrach dieses alles und schuf sich Gehorsam. Es war Gottes eigenes Wort. Einfältiger Gehorsam war gefordert.

Aus: Nachfolge. Der einfältige Gehorsam, 1937, DBW 4, S. 71

Der Ruf Jesu ist zwar „unbedingt ernst zu nehmen", aber der wahre Gehorsam gegen ihn besteht darin, dass ich nun gerade in meinem Beruf, in meiner Familie bleibe und ihm dort diene, und zwar in wahrer innerer Freiheit. Jesus würde also rufen: Heraus! – Wir verstehen ihn aber, wie er es eigentlich meint: Bleib drinnen! – freilich als einer, der innerlich herausgetreten ist. Oder Jesus würde sagen: Sorget nicht; wir aber würden verstehen: Natürlich müssen wir sorgen und arbeiten für die Unsern und für uns. Alles andere wäre ja unverantwortlich. Aber innerlich sollen wir freilich von solcher Sorge frei sein.

Aus: Ethik. Die Geschichte und das Gute., 1942, DBW 6, S. 224

Niemand hat die Verantwortung, aus der Welt das Reich Gottes zu machen, sondern er soll den – der Wirklichkeit der Menschwerdung Gottes in Christus entsprechenden – nächsten notwendigen Schritt tun. Weil sich verantwortliches Handeln nicht aus einer Ideologie, sondern aus der Wirklichkeit nährt, darum kann nur im Rahmen dieser Wirklichkeit gehandelt werden. Die Verantwortung ist dem Umfang wie dem Wesen, also quantitativ und qualitativ, nach begrenzt. Jede Überschreitung dieser Grenze führt zur Katastrophe. Nicht die Welt aus den Angeln zu heben, sondern am gegebenen Ort das sachlich – im Blick auf die Wirklichkeit – Notwendige zu tun und dieses wirklich zu tun, kann die Aufgabe sein. Aber auch am gegebenen Ort kann verantwortliches Handeln nicht immer sofort das Letzte tun, sondern es muss Schritt für Schritt gehen und nach dem Möglichen fragen und den letzten Schritt und damit die letzte Verantwortung in eine andere Hand legen.

Aus: Ethik. Ethik als Gestaltung, 1940, DBW 6, S. 66

Auf der Flucht vor der öffentlichen Auseinandersetzung erreicht dieser und jener die Freistatt einer privaten Tugendhaftigkeit. Er stiehlt nicht, er mordet nicht, er bricht nicht die Ehe, er tut nach seinen Kräften Gutes. Aber in seinem freiwilligen Verzicht auf

Öffentlichkeit weiß er die erlaubten Grenzen, die ihn vor dem Konflikt bewahren, genau einzuhalten. So muss er sein Auge und Ohr verschließen vor dem Unrecht um ihn herum. Nur auf Kosten eines Selbstbetruges kann er seine private Untadelhaftigkeit vor der Befleckung durch verantwortliches Handeln in der Welt rein erhalten. Bei allem, was er tut, wird ihn das, was er unterlässt, nicht zur Ruhe kommen lassen. Er wird entweder an dieser Unruhe zugrunde gehen oder zum heuchlerischsten aller Pharisäer werden.

Predigt, 4. Oktober 1931, DBW 11, S. 377–385

PREDIGT ZU PSALM 63,4

Zweieinhalb Jahrtausende sind es her, dass fern der Heimat, verzehrt vom Elend des Leibes und der Seele, umgeben von Spöttern und Feinden seines Gottes, der alte jüdische Fromme nachsinnt über die wunderlichen Wege, die Gott mit ihm geht. Es ist kein gemächlich ruhevolles Nachsinnen, sondern es ist ein Kampf, ein Kampf am Rand der Verzweiflung; um das Leben und seinen Sinn, um Gott und seine Treue. Die Stützen des Lebens sind brüchig geworden; wo die Hand Halt zu finden glaubte, fasst sie ins leere Nichts. Gott, wo bist du? Gott, wer bist du? Gott, wer bin ich? Mein Leben zerfällt, stürzt ins Bodenlose, Gott, mir wird angst. Wo bleibt deine Güte? Jedoch, du bist mein Gott und deine Güte ist besser denn mein Leben.

Das ist eines der Worte, die den, der es einmal begriffen hat, nie wieder freigeben. Ein Wort, das nur scheinbar so milde glänzt, das aber innerlich hart ist und Feuer sprüht, ein Wort der Leidenschaft, das erzeugt ist, wo zwei Welten aufeinanderstoßen, die Welt des Menschen und die Welt Gottes; d. h. ein Wort aus der Welt der Bibel und nicht aus der unsrigen. Deine Güte ist besser denn Leben: Das ist der Jubelruf der Elenden und Verlassenen, Mühseligen und Beladenen; der Sehnsuchtsschrei der Kranken und Erdrückten; der Lobgesang der Arbeitslosen und Hungrigen in den

Millionenstädten; das Dankgebet der Zöllner und Dirnen, der öffentlichen und heimlichen Sünder. Ja, ist es das wirklich? Nein, es ist es nicht, jedenfalls nicht in unsrer Welt, in unserer Zeit. Es ist es für die wunderliche Welt der Bibel, die uns wieder einmal in ihrer ganzen Fremdheit erschreckt und ärgert, soweit wir überhaupt noch auf ihr Wort hinhören und gegen die Wirklichkeit der Bibel nicht schon ganz stumpf geworden sind. Oder scheint uns das Wort vielleicht gar nicht so wunderlich? Meinen wir vielleicht, das sei doch eigentlich eine rechte Selbstverständlichkeit, und sehr viel Neues könnten wir daraus eigentlich nicht mehr lernen? Einem Christen seien diese Dinge doch schon ganz in Fleisch und Blut übergegangen? Nun, dann wollen wir uns daranmachen, einmal zu sehen, was unser Psalmdichter hier eigentlich sagt und ob sich das für uns auch wirklich so von selbst versteht.

In dem Leben unseres Psalmisten hat sich einmal etwas Entscheidendes ereignet. Gott selbst ist in sein Leben eingetreten. Und seitdem ist sein Leben ganz anders geworden. Ich meine nicht, dass er nun auf einmal gut und fromm geworden wäre – mag sein, er war das lange vorher besser. Aber nun war Gott selbst gekommen und an ihn herangetreten; und nur, dass Gott nun immer da war und er nicht mehr von ihm los konnte, das machte sein Leben so eigentümlich. Es zerriss sein Leben mitten hindurch. Wir hören und sagen so oft, die Religion mache den Menschen glücklich und harmonisch und ruhig und zufrieden. Mag sein, das ist richtig für die Religion. Für Gott selbst, den Lebendigen, ist es nicht richtig, sondern grundfalsch. Und so zeigt's sich nun im Leben unseres Psalmdichters. Es ist etwas in ihm aufgerissen. Er fühlt sich innerlich gespalten. Es entbrennt ein Kampf in ihm, der von Tag zu Tag heißer und furchtbarer wird; und er erlebt, wie Stunde um Stunde aus seinem Inneren immer mehr von dem herausgerissen wird, was er geliebt hat. Er kämpft darum, er möchte es behalten. Aber Gott, der ja immer vor ihm steht, ringt es ihm ab und gibt es nicht wieder frei. Und je mehr er nun verliert, desto fester und gieriger greift er nach dem, was ihm noch bleibt; aber je fester er seinen Besitz umklammert, desto härter muss Gott zuschlagen und desto heftiger schmerzt das Losreißen. So geht es weiter in atemlosem Ringen, Gott siegt, und der Mensch erliegt. Er weiß nicht, wohin das noch führen soll. Er sieht sich verloren. Er weiß nicht, ob er den, der so gewalttätig bei ihm eindrang und seinen Frieden störte, hasst oder liebt. Jeden Zoll lässt er sich abkämpfen. Verzweifelt weicht er den Waffen Gottes. Und es wäre ja alles nicht so hoffnungslos für ihn, wären diese Waffen nicht so wunderbar und eigentümlich, dass sie niederschlagen und doch aufrichten, dass sie verwunden und doch heilen, dass sie töten und doch lebendig machen. Gott spricht: Willst du meine Gnade, so lass mich über dich siegen. Willst du mein Leben, so lass mich dein Böses hassen und zerschlagen. Willst du meine Güte, so lass mich dein Leben nehmen. Und jetzt geht es um das Letzte. Alles ist dahingegeben, nur eines ist dem Menschen geblieben. Und das will er festhalten, sein Leben. Aber Gott kann nicht haltmachen, er stürmt an auf diese letzte Festung. Und der Kampf ums Letzte tobt. Der Mensch wehrt sich wie rasend. Gott kann das nicht wollen, er kann mir nicht das Letzte nehmen wollen, Gott ist nicht grausam, Gott ist gütig. Und es wird ihm zur Antwort: Willst du meine Güte, so gib mir dein Letztes, dein Leben. Wähle!

Uns schwindelt auf dieser Höhe. Es ist uns, als ob uns einer an die Grenzen der Welt führe und wir in einen schwarzen Abgrund blickten und einer zu uns spräche: Nun spring! Wir fühlen uns innerlich zerrissen: Wählen müssen zwischen Gottes Güte und unserem Leben. Was ist unser Leben? Alles, was wir sehen, greifen, hören, schmecken, fühlen; alles, was uns umgibt, was wir besitzen, woran wir gewöhnt sind, was wir lieben. Was ist Gottes Güte? Jedenfalls alles, was wir nicht sehen, nicht greifen, nicht begreifen, ja fast nicht glauben können; etwas, was wir jedenfalls nicht besitzen, etwas ganz Unwahrscheinliches, Jenseitiges, über und hinter allem Geschehen Stehendes und doch so nah und ernst uns Anredendes. Wer möchte wagen, da frei zu wählen? Gott selbst erkämpft sich den Sieg, und wie etwas menschlich Unmögliches hören wir es nun von den Lippen des Psalmisten: Gott, du bist mein Gott. Deine Güte ist besser denn Leben.

Es könnte nun wohl sein, dass da einige unter uns sind, die etwas unwillig geworden sind und einwenden möchten: Was sind das alles für aufgeregte und übertriebene Dinge, von denen da geredet wird? So redet man doch nicht von der Güte Gottes. Dass ich gesund bin, dass ich mit meiner Familie noch zu essen und zu trinken habe, dass ich Arbeit und Wohnung habe, das ist Gottes Güte gegen mich und dafür soll ich ihm danken. Aber von diesem Kampf mit Gottes Güte weiß und verstehe ich nichts. Es ist gewiss gut, wenn dieser Einwand herauskommt. Er gibt uns Gelegenheit, tiefer in die Sache einzudringen.

Liebe Gemeinde, es ist heute Erntedankfest und wohl der rechte Augenblick dafür, sich einmal ganz gründlich darauf zu besinnen, was Gottes Güte für uns bedeutet. Unberührt von den quälenden Sorgen und Unruhen unserer Tage arbeitet draußen die Natur. Sie bringt hervor, was die Völker [der] Erde ernährt. Wenn sie zurückhält, dann sterben Millionen, und wenn sie üppig gibt, so lebt die Menschheit auf. Kein Mensch hat Gewalt über sie. Und vor ihrer Macht verstummt der Mensch und wird klein und erinnert sich an den, der Macht hat über die Natur. Aber wir erleben dies heutige Erntedankfest unter besonderen Umständen und mit besonderen Gedanken. Die Ernte hat uns nicht gebracht, was wir wohl gehofft haben. Jede Stunde Regen im August und September bedeutete für Hunderte von Kindern und Erwachsenen Stunden des Hungerns und der Entbehrung im kommenden Winter. Das hat uns manches Mal ins Herz geschnitten. Dazu kommt eine der furchtbarsten Plagen, die ein Volk treffen kann und die jetzt über die ganze Welt geht, die Arbeitslosigkeit. Wir müssen damit rechnen, dass im Winter sieben Millionen Menschen in Deutschland keine Arbeit finden werden, d. h. dass fünfzehn bis zwanzig Millionen Menschen im nächsten Winter der Hunger anfassen wird, andere zwölf Millionen oder mehr in England, zwanzig oder mehr in Amerika. Um sechzehn Millionen sind gegenwärtig in China am Verhungern, und nicht viel besser steht's in Indien. Das sind die nackten Zahlen und dahinter steht die grausigste Wirklichkeit. Sollen wir daran vorbeigehen, wenn wir in der Kirche Erntedankfest feiern? Wir dürfen es nicht, sondern an diesen Tatsachen wollen [wir] unser christliches Denken und Wollen messen und schärfen und vertiefen.

Wenn wir uns heute Abend an den gedeckten Tisch setzen und uns an Gottes Güte erinnern werden, dann wird uns dabei seltsam zumute sein. Es wird uns die Unbegreiflichkeit dessen, dass gerade uns solche Gaben gegeben sind, überwältigen. Und wir werden dessen gedenken, dass wir sie von Gott durch nichts, aber auch gar nichts mehr verdient haben als unsere hungrigen Brüder in unserer Stadt. Denken wir uns, dass es gerade in dem Augenblick, in dem wir Gott für seine Güte gegen uns danken, draußen an der Tür klingelt, wie es jetzt so oft geschieht, und da einer steht, der wohl auch gerne Gott für die geringsten Gaben danken möchte, dem aber solche Gaben versagt worden sind und der mit seinen Kindern hungrig und verbittert zu Bett geht. Was wird in solchem Augenblick aus unserem Dankgebet? Werden wir sagen wollen, Gott ist uns gnädig und ihm zornig? Oder, dass wir noch etwas zu essen haben, beweist, dass wir bei Gott einen besonders bevorzugten Platz errungen haben? Gott speist seine Lieblingskinder und lässt die Verworfenen hungern? Der gnädige Gott bewahre uns vor der fürchterlichen Versuchung solcher Gedanken und solcher Dankbarkeit. Er führe uns zum rechten Verständnis seiner Güte. Sehen wir denn nicht, dass die Geschenke seiner Güte uns zum Fluch werden, wenn wir solche Gedanken dabei haben und danach handeln? Wenn wir auf uns selbst schauen, statt mit dem Blick auf die Unbegreiflichkeit Gottes und auf die Not unseres Nächsten ganz demütig zu werden und uns der unermesslichen Verantwortung bewusst zu werden, in die wir durch Gottes Güte gestellt sind? Wollen wir unter Gottes Gabe Gottes Güte erfassen, so müssen wir sie als Verantwortung für den Bruder verstehen. Niemand sage: Gott hat mich gesegnet mit Geld und Gütern, und lebe nun, als ob er und sein gütiger Gott allein auf der Welt wären. Es kommt dann die Stunde, wo er erkennen [muss], dass er den Götzen seines Glücks und seiner Selbstsucht angebetet hat. Nicht Besitz ist Segen und Güte Gottes, sondern Verantwortung.

Damit aber sind wir auf dem Weg zum tieferen Verständnis dessen, was Güte Gottes ist. Wer von Gott in die Verantwortung gestellt ist, der sieht sich zwischen zwei Welten gestellt: Die Welt Gottes und die Welt des Nächsten. Von Gott hört er die Worte: Willst du, dass meine Güte bei dir bleibt, so diene dem Nächsten, denn in ihm begegnet dir Gott selbst. Und im Nächsten sieht er die leibliche und seelische Not, für die er nun zur Verantwortung gezogen wird. Und nun entspinnt sich der Kampf, von dem wir von unserem Psalmisten gehört haben. Willst du meine Gnade, so gib deinem Nächsten von deinem Besitz. Willst du meine Liebe, so gib dem Nächsten deine Seele. Willst du meine Güte, so setze dein Leben für den Nächsten ein. Tust du das alles aber nicht, nun, so wandelt sich, was bisher Gottes Güte an dir war, dein Besitz an Leib und Seele und Leben, zum Fluch über dich. Und wer von uns wollte sagen, dass er das alles getan habe? Dass er Gottes Güte recht verstanden habe im Denken und besonders im Tun? Es ist schon viel, wenn wir einmal verstanden haben, dass die Güte Gottes uns in einen Kampf führt; dass sie nicht etwas ist, was wir empfangen und dann einfach haben, besitzen, sodass wir weiterleben, etwas glücklicher, etwas reicher, aber im Wesentlichen unverändert. Aber mit wie wenig Leidenschaft, mit wie viel Angst, Schwächlichkeit, Zagheit, Traurigkeit gehen wir in diesen Kampf. Und wie wenig greift er an die Wurzel unseres ganzen Daseins. Und doch – wir verstehen diesen Kampf überhaupt nicht, wenn wir ihn [nicht] ganz radikal verstehen. Deine Güte ist besser denn Leben, d. h. nicht nur besser als dein Haus, als deine Bequemlichkeit, als dein Essen, als deine Arbeit, als deine Ehre, dein Ansehen, als deine Freuden leiblicher und musisch-geistiger Art, als deine Frau und deine Kinder, sondern es heißt: noch mehr als das. Es ist besser als das, was dir, nachdem du all das verloren hast, noch bleibt: als dein Leben. Wer von uns hätte nur einmal schon erfahren, dass die Güte Gottes uns in einen Konflikt führt, was die leibliche Seite unseres Lebens angeht? Mehr noch, was unsere Arbeit, mehr noch, was unsere Ehre, mehr noch, was unsere Familie angeht? Wer lässt sich heute noch von Gott in solche Konflikte führen und wer sieht in solchen Konflikten noch Gottes Güte? Und wer schließlich sieht es überhaupt, dass Gottes Güte unverstanden bleibt, wenn der Konflikt nicht noch tiefer geht und unser Leben angreift und über es hinausgreift?

Lasst uns ein Beispiel nehmen. Da sind zwei Menschen, die sich lieb haben. Und der eine fragt den anderen: „Sag mir, wie groß deine Liebe zu mir ist, wie viel meine Liebe dir wert ist." Und der andere antwortet: „Für deine Liebe ließe ich meinen ganzen Besitz." „Ist das alles?" „Für deine Liebe ließe [ich] alle meine Freuden und [mein] Glück." „Ist das alles?" „Für deine Liebe opfere ich [mein] Ansehen und meine Ehre." „Ist das das Letzte?" „Für deine Liebe verließe ich Brüder, Familie und Freunde. Oh, wenn ich nur dich habe .... Für deine Liebe gäbe ich alles, alles, alles." „Auch das Allerletzte, was du noch hast? Gibst du es hin für meine Liebe?" „Du meinst, ob ich mein Leben für deine Liebe gäbe? Welch unerhörter Widerspruch. Wie kann ich deine Liebe genießen ohne mein Leben? Fordere das nicht von mir – und doch, deine Liebe ist mehr, deine Liebe ist besser denn mein Leben."

Wer wollte zögern, zu der Größe und Stärke solcher Worte ehrfurchtsvoll aufzublicken? Wer wollte nicht stolz darauf sein, dass Menschen solcher Worte fähig sind? Aber welcher Christ müsste nicht innerlich zusammenschrecken, wenn er den großen Vergleich zieht, an den wir jetzt eben denken? Wie kommt es, dass menschliche Leidenschaft so unheimlich viel vermag im Kampf für den geliebten Menschen und dass wir dort, wo von Gottes Liebe die Rede ist, wo also doch noch ganz anderes auf dem Spiel steht, so grenzenlos versagen? Sieh, wie der Liebende dort seinen Besitz, sein Glück, seine Ehre, sein Leben freudig für den Geliebten [in] die Schanze wirft, wie ihm immer noch etwas Neues einfällt, was er seiner Liebe zum Opfer bringen kann, [wie ihm] kein Preis zu hoch scheint, die Liebe des anderen zu besitzen. Und sieh dann, wie ärmlich unsere Gedanken und Taten für Gottes Liebe dem gegenüber sind, wo wir meinen, mit ein paar Groschen in die Kollekte, mit etwas freundlicher Miene und friedlicher Gesinnung genug für Gottes Liebe getan zu haben. Warum ist es denn so tot und öde unter uns und so lebendig bei jenen anderen, warum erstickt denn bei uns das Feuer immer gleich im Anfang und brennt es dort so lichterloh? Ist das christliches Leben? Hat man uns das Leben Jesu Christi so vor Augen gemalt? O Gott, weil wir dich nicht mehr kennen, weil wir dich nicht mehr suchen, weil wir nicht mehr wissen, wie wahnsinnig es ist, zu leben und deiner nicht zu gedenken, der du am Anfang und Ende unseres Lebens stehst und über uns richtest in Ewigkeit! Weil wir Gottes Liebe im Leben Jesu Christi nicht mehr anschauen und uns von ihr aufrütteln lassen zu neuem Leben. Weil wir an uns selbst hängen und auf uns selbst stehen wollen, weil wir nicht glauben können, dass Gott allein es ist, der uns recht tragen kann und der unserem Leben, auch wenn es äußerlich zerschellt, ewigen Sinn gibt. Das heißt aber, weil wir uns an Gottes alleiniger Ehre und Liebe versündigt haben, weil wir schuldig geworden sind vor ihm. Gott stellt uns in die Verantwortung und wir versagen, weil wir an uns selbst mehr hängen und glauben als an Gott. Gott fragt uns, wie viel uns seine Liebe wert sei, und wir antworten ihm: jedenfalls weniger als unsere eigene. So verstoßen wir Gottes Güte aus unserem Leben.

Nun aber ereignet sich das größte Wunder, das die Welt kennt. Dort, wo wir von Gott abgefallen sind, wo wir für Gott tot und unempfänglich geworden sind in unserer Schuld, dort geht Gottes Güte uns nach und offenbart sich uns aufs Neue als die ewige Verheißung Gottes über alle Schuld, über alles Leben hinaus in Jesus Christus. Nur der weiß recht und ganz, was Gottes Güte ist, der tief im Dunkel der Schuld, der Untreue, der Feindschaft gegen Gott sich angerührt fühlt von der Liebe, die nimmer aufhört, die alles vergibt und über alles Elend hinausweist in die ewige Welt Gottes.

Aber freilich, wir sind dem Leben nicht enthoben. Wir bleiben in der Verantwortung, und immer aufs Neue werden wir von Gott gefragt: Was ist dir meine Liebe wert? Aber je tiefer wir erkennen, was Gottes Güte ist, desto lebendiger wird unsere Antwort sein. Immer von Neuem werden wir von Gottes Güte in die Verantwortung und durch die Schuld zu ihm geführt. Wann wird es dahin kommen, dass wenigstens in die christliche Gemeinde die Welt unseres Psalmdichters hineinbricht, dass wir, ob im Glück oder Elend, in Hunger und Krankheit, in Angst und Sorge, in Traurigkeit und tiefster Schuld, in guter und in schlechter Ernte neu in rechtem Erntedank jubeln können: „Nehmen sie den Leib, Gut, Ehr, Kind und Weib, lass fahren dahin, sie habens kein' Gewinn, das Reich muss uns doch bleiben." Gott, deine Güte ist besser denn Leben. Amen.

Den anderen Blick wagen können

Glück und Unglück,
die rasch uns und überwältigend treffen,
sind sich im Anfang,
wie Hitze und Frost bei jäher Berührung,
kaum unterscheidbar nah.
Wie Meteore
aus überirdischer Ferne geschleudert,
ziehen sich leuchtend und drohend die Bahn
über unseren Häuptern.
Heimgesuchte stehen betroffen
vor den Trümmern
ihres alltäglichen, glanzlosen Daseins.
Groß und erhaben,
zerstörend, bezwingend,
hält Glück und Unglück,
erbeten und unerbeten,
festlichen Einzug
bei den erschütterten Menschen,
schmückt und umkleidet
die Heimgesuchten
mit Ernst und mit Weihe.

Glück ist voll Schauer,
Unglück voll Süße.
Ungeschieden scheint aus dem Ewigen
eins und das andre zu kommen.
Groß und schrecklich ist beides.

Menschen, ferne und nahe,
laufen herbei und schauen
und gaffen
halb neidisch, halb schaudernd,
ins Ungeheure,
wo das Überirdische,
segnend zugleich und vernichtend,
zum verwirrenden, unentwirrbaren,
irdischen Schauspiel sich stellt.
Was ist Glück, was Unglück?

Erst die Zeit teilt beide.
Wenn das unfassbar erregende,
jähe Ereignis
sich zu ermüdend quälender Dauer wandelt,
wenn die langsam schleichende Stunde des Tages
erst des Unglücks wahre Gestalt uns enthüllt,
dann wenden die meisten,
überdrüssig der Eintönigkeit
des altgewordenen Unglücks,
enttäuscht und gelangweilt sich ab.

Das ist die Stunde der Treue,
die Stunde der Mutter und der Geliebten,
die Stunde des Freundes und Bruders.
Treue verklärt alles Unglück
und hüllt es leise
in milden,
überirdischen Glanz.

Dietrich Bonhoeffer, Juni 1944, DBW 8, S. 493f.

Warum sollst du beten?
Weil ich mir selbst nichts nehmen kann, sondern alles von Gott erbitten muss; weil ich Gott danken will für alle seine Gaben.

Warum darfst du beten?
Weil mein Herr Jesus Christus es mir befohlen hat und mein Fürsprecher sein will.

Um was sollst du beten?
Um alle Notdurft des Leibes und der Seele, die das Kind vom Vater erbittet.

Welche Gebete sind Gott gefällig?
Ich soll allein Gott selbst in meinem Gebet anrufen. Ich soll alles, was ich bitte, um Christi willen erbitten. Ich soll gewiss glauben, dass Gott mich hört. Ich soll von Herzen beten und nicht nur mit dem Mund. (Matthäus 6,5–8). Ich soll oftmals am Tage beten (morgens, mittags und abends) (1 Thessalonicher 5,17; Römer 12,12; Johannes 15,7; 16,23f; Psalm 119).

Wie erhört Gott das Gebet?
Er nimmt uns alle unsere Sorge, Not und Sünde ab und trägt sie selbst. Alle unsere Gebete sind im Kreuz Jesu Christi erhört.

Wie heißt dich Jesus beten?
Vaterunser.

Was schenkt dir Gott im Gebet?
Er schenkt mir die Gewissheit, dass ich durch Jesus Christus sein eigen bin und bleibe (Römer 8,15f).

Vortrag Barcelona, 11. Dezember 1928, DBW 10, S. 302

Wir wissen alle, dass Christus faktisch aus unserem Leben eliminiert worden ist, man baut ihm wohl seinen Tempel, aber man wohnt in seinem eigenen Haus, Christus ist Sache der Kirche bzw. der Kirchlichkeit einer Gruppe von Menschen geworden, nicht des Lebens. Die Religion spielt für die Psyche des 19. und 20. Jahrhunderts die Rolle des sogenannten guten Zimmers, in das man sich gern auf ein paar Stunden zurückzieht, um dann aber wieder gleich darauf in seine Arbeitsstube zu treten. Eins ist aber klar: dass wir Christus nur verstehen, wenn wir uns zu ihm in einem schroffen Entweder-Oder entscheiden.

Aus dieser Not will Jesus uns herausziehen: Werdet einfach, klar, echt, ursprünglich, grade, rein, so wird euer Herz ein Spiegel des väterlichen Herzens Gottes werden. Macht endlich ein Ende mit dem Mummenschanz, seid aufrichtig gegen euch selbst und erkennt, dass ihr nichts seid als Geschöpfe Gottes, keinen eigenen Ruhm, kein eigenes Recht habt, sondern dass ihr Transparente Gottes sein sollt, rein, um das Bild Gottes in euch aufzufangen. Haltet euch rein von der Welt, befleckt nicht die weißen Kleider, die Gott euch angelegt hat. Selig sind, die reinen Herzens sind.

Es ist die erschütterndste Erkenntnis in jedem Christenleben, dass er sieht, dass er nicht rein bleiben kann, dass er immer von Neuem fällt, Tag um Tag, und dass er Nacht um Nacht von Neuem zu Gott schreien muss: Herr, ich kann's nicht allein, mach du mich rein, dann bin ich rein! Schaffe in mir, Gott, ein reines Herz (Psalm 51,12).

An Eberhard Bethge: Brief aus dem Gefängnis,
29. und 30. Januar 1944, DBW 8, S. 301

Übrigens hat ja Jesus am Kreuz auch nicht auf die beiden Schächer eingeredet, sondern einer von ihnen hat sich an ihn gewandt!

Brief aus dem Gefängnis, 21. Juli 1944, DBW 8, S. 541f.

Ich erinnere mich eines Gespräches, das ich vor 13 Jahren in Amerika mit einem französischen jungen Pfarrer hatte. Wir hatten uns ganz einfach die Frage gestellt, was wir mit unserem Leben eigentlich wollten. Da sagte er: Ich möchte ein Heiliger werden (und ich halte für möglich, dass er es geworden ist); das beeindruckte mich damals sehr. Trotzdem widersprach ich ihm und sagte ungefähr: Ich möchte glauben lernen. [...] Später erfuhr ich und ich erfahre es bis zur Stunde, dass man erst in der vollen Diesseitigkeit des Lebens glauben lernt. Wenn man völlig darauf verzichtet hat, aus sich selbst etwas zu machen – sei es einen Heiligen oder einen bekehrten Sünder oder einen Kirchenmann (eine sogenannte priesterliche Gestalt!), einen Gerechten oder Ungerechten, einen Kranken oder einen Gesunden – und dies nenne ich Diesseitigkeit, nämlich in der Fülle der Aufgaben, Fragen, Erfolge und Misserfolge, Erfahrungen und Arglosigkeiten leben – dann wirft man sich Gott ganz in die Arme, dann nimmt man nicht mehr die eigenen Leiden, sondern das Leiden Gottes in der Welt ernst, dann wacht man mit Christus in Getsemani, und ich denke, das ist Glaube, das ist „Metanoia“[5]; und so wird man ein Mensch, ein Christ (Vgl. Jeremia 45!). Wie sollte man bei Erfolgen übermütig oder an Misserfolgen irre werden, wenn man im diesseitigen Leben Gottes Leiden mitleidet?

Traupredigt für Hilde und Albrecht Schönherr,
15. April 1936, DBW 14, S. 926–929

„Seid allezeit fröhlich. Betet ohne Unterlass. Seid dankbar in allen Dingen, denn das ist der Wille Gottes in Christo Jesu an euch.“ (1 Thessalonicher 5,16–18)

5 Umkehr, Änderung des Denkens; vgl. Markus 1,15.

Dies sei unsere Bitte für euch und, dass ihr gehorsam zu diesem Willen „Ja“ sagen wollt.

Ihr wollt jetzt auf eigenen Füßen wandeln. Ihr wisst, es bleibt heute alles ungewiss in der Zukunft und am morgigen Tag; aber es muss und soll gewiss sein, dass wir uns in einem solchen Augenblick eins wissen mit dem Willen Gottes an uns. Das genügt, und das hilft uns durch alles Ungewisse hindurch.

Also mit dem Willen Gottes euch jetzt eins zu machen, dazu seid ihr hier. Ihr wollt in Kurzem sagen, dass ihr füreinander leben wollt, einander treu sein wollt, bis der Tod euch scheidet. Dass zwei Menschen ihr Leben gemeinsam führen, geht ja nur, wenn aus zwei Willen „einer“ wird. Das geht nicht so zu, dass wir unseren eigenen suchen oder den des anderen. Die einzige Gewissheit, dass euer Wille *ein* Wille werde, liegt nicht an euch, sondern am Willen Gottes. Die Gewissheit für die Festigkeit eurer Ehe liegt nicht bei euch, eurer Liebe, euren Vorsätzen, sondern liegt bei Jesus Christus. Da ganz allein liegt die Gewissheit, da sucht sie! Dort könnt und sollt und werdet ihr eins sein. Und darum müssen wir an solchem Tage, an dem die Gedanken um persönliche Dinge kreisen wollen, müssen wir euch sagen: „Trachtet am ersten nach dem Reiche Gottes, dann wird euch solches alles zufallen.“ Durch ihn wird euch das andere alles mitgeschenkt werden. Trachtet zuerst nach dem Reiche Gottes!

Und Gott sei Dank, dass er uns seinen Willen nicht verbirgt, sondern offenbar werden lässt. Den Willen Jesu Christi an euch lässt er uns offenbar werden in dem Wort, das ihr zuerst gehört habt: „Seid allezeit fröhlich ...“

Ihr werdet fröhlich sein in einer Freude, die ihr einander macht und aneinander habt. Es gibt im Leben nichts, das die Fröhlichkeit größer machen könnte, als mit einem Menschen zusammen zu sein, den man liebt, mit dem man sich eins weiß. Man ist fröhlich, auch fröhlich in den äußeren Sorgen, weil man den anderen hat. Aber es heißt nicht: Seid heute fröhlich und morgen und immer wieder einmal fröhlich, sondern es heißt: Seid *alle* Zeit fröhlich. Also nicht nur, wenn ihr sie voneinander nehmen könnt, sondern auch da, wo sie euch versagt wird, wo die äußeren Schwierigkeiten euch bedrängen und bedrücken.

Wie kann man das sagen, ohne zu übertreiben? Man kann es nur sagen und sein, wenn man den Grund seiner Fröhlichkeit aus Gott, aus seinem Willen hernimmt. Seid allezeit fröhlich, denn ihr seid von Gott erlöst, frei geworden von allen Sorgen und Ängsten um die Zukunft und frei geworden von euch selbst. Erlöst seid ihr, und darum seid ihr allezeit fröhlich, denn nun seid ihr allezeit mit Gott und Gott ist mit euch. Wisst, dass ihr erlöste Menschen seid, und seid fröhlich!

Albrecht sei ein fröhlicher Pfarrer! Wer sich eins weiß mit Jesus Christus, weiß, dass er erlöst ist, und wer darum auch so aussieht, der wird seiner Gemeinde eine große Hilfe sein. Die Menschen werden zu ihm kommen, ihm Last auflegen, dass er sie trage. Also sei alle Zeit fröhlich in deinem Amt.

Und dir, liebe Hilde, sage ich dazu: Hilf deinem Mann alle Zeit, fröhlich zu sein. Es ist ein Dienst, den du deinem Mann und der Gemeinde tust. Hilf ihm dazu durch dein Gebet und durch deine Treue. Hilf dadurch, dass du dir deine Arbeit, deine Zeit so einteilst, dass du mit ihm fröhlich sein kannst. Dann werdet ihr verstehen, was Paulus sagt: Alles ist euer, ihr aber seid Christi!

Solche Fröhlichkeit kommt nur durch Gebet ohne Unterlass. Es ist kein christliches Haus, wo nicht gebetet wird ohne Unterlass. Du, Albrecht, hast in den letzten Jahren mit viel Mühe gelernt, was dies Beten ohne Unterlass etwa heißen kann, und du hast entdeckt, dass es viel helfen kann, und du wirst es noch mehr entdecken in deinem künftigen Leben. Und du, liebe Hilde, denke daran, dass dein Mann dies heilige Amt führen soll, und dass er das nur recht kann, wenn du ihm hilfst, und wenn du Ehrfurcht hast vor diesem Amt, und vor diesem Beten ohne Unterlass.

Betet miteinander jeden Tag morgens, mittags, abends, um Festigkeit eurer Ehe, um Bestand und um Vergebung eurer Sünden. Und vergebt euch alle Tage selbst in diesem Gebet gegenseitig eure Sünden. Eine Ehe unter der Vergebung sollt ihr führen, betet miteinander treu darum, und betet füreinander.

Dir, liebe Hilde, möchte ich noch besonders sagen: Es gibt in der Geschichte manches, wo die Frau Menschen zurückgewonnen hat für das Evangelium durch die Fürbitte. Und ich möchte es dir ganz besonders ans Herz legen, dass du Fürbitte tust für deinen Mann, deine Familie, alle, die in dein Haus kommen, und alle, mit denen du in Berührung kommst.

Und sei dankbar in allen Dingen. Richtig beten könnt ihr nur, wenn ihr dankbar seid in allen Dingen, wenn ihr einmal in der Stunde des Todes sagen könnt wie Chrysostomus: „Gott sei Dank für alles!" Seid dankbar nicht nur für euer Glück, sondern auch für alles Rätselhafte in eurem Leben, für Krankheit, Leiden und Verfolgungen um des Evangeliums willen. Seid dankbar in allen Dingen! Seid es heute für all das, was ihr bis zu dieser Stunde empfangen habt. Seid dankbar, dass ihr einander habt. Und vor allem seid dankbar, dass ihr das Wort und den Willen Gottes noch habt bis ans Ende. Seid dankbar, dass ihr einmal am Ende eures Lebens fröhlich sagen könnt: Ja, Gott sei Dank für alles!

Und nun geht hin in großer Freude und Gewissheit, eins geworden, die Augen erhoben zum Kreuz Jesu Christi, alle Zeit fröhlich, ohne Unterlass betend. Amen.

Hochgemute Selbstgewissheit

WER BIN ICH

Wer bin ich? Sie sagen mir oft,
ich träte aus meiner Zelle
gelassen und heiter und fest,
wie ein Gutsherr aus seinem Schloss.

Wer bin ich? Sie sagen mir oft,
ich spräche mit meinen Bewachern
frei und freundlich und klar,
als hätte ich zu gebieten.

Wer bin ich? Sie sagen mir auch,
ich trüge die Tage des Unglücks
gleichmütig, lächelnd und stolz,
wie einer, der Siegen gewohnt ist.

Bin ich das wirklich, was andere von mir sagen?
oder bin ich nur das, was ich selbst von mir weiß?
unruhig, sehnsüchtig, krank, wie ein Vogel im Käfig,
ringend nach Lebensatem, als würgte mir einer die Kehle,
hungernd nach Farben, nach Blumen, nach Vogelstimmen,

dürstend nach guten Worten, nach menschlicher Nähe,
zitternd vor Zorn über Willkür und kleinlichste Kränkung,
umgetrieben vom Warten auf große Dinge,
ohnmächtig bangend um Freunde in endloser Ferne,
müde und leer zum Beten, zum Denken, zum Schaffen,
matt und bereit, von allem Abschied zu nehmen?

Wer bin ich? Der oder jener?
Bin ich denn heute dieser und morgen ein andrer?
Bin ich beides zugleich? Vor Menschen ein Heuchler
und vor mir selbst ein verächtlich wehleidiger Schwächling?
Oder gleicht, was in mir noch ist, dem geschlagenen Heer,
das in Unordnung weicht vor schon gewonnenem Sieg?

Wer bin ich? Einsames Fragen treibt mit mir Spott.
Wer ich auch bin, Du kennst mich, Dein bin ich, o Gott!

Dietrich Bonhoeffer, Juli 1944, DBW 8, S. 513f.

Brief aus dem Gefängnis, 9. März 1944, DBW 8, S. 352

Ich habe noch nicht auf deine Gedanken über Michelangelo – Burckhardt – „hilaritas" geantwortet. Es leuchtet mir einerseits ein, jedenfalls was Burckhardts Thesen angeht. Andererseits darf man die „hilaritas" nicht nur als die klassische Heiterkeit (Raffael, Mozart) verstehen; auch – um ein paar Namen zu nennen – Walther von der Vogelweide, der Bamberger Reiter, Luther, Lessing, Rubens, Hugo Wolf, K. Barth haben etwas von der hilaritas, die ich auch als Zuversicht zum eigenen Werk, als Kühnheit und Herausforderung der Welt und des vulgären Urteils, als feste Gewissheit, der Welt mit dem eigenen Werk, auch wenn es ihr nicht gefällt, etwas *Gutes* zu erweisen, als hochgemute Selbstgewissheit beschreiben möchte.

Aus: Nachfolge. Die sichtbare Gemeinde 1937, DBW 4, S. 111

„Ihr *seid* das Salz" – nicht, ihr sollt das Salz sein! Es ist den Jüngern nicht in ihren Willen gestellt, ob sie Salz sein wollen oder nicht. Es wird auch nicht ein Appell an sie gerichtet, Salz der Erde zu werden. Sondern sie sind es, ob sie wollen oder nicht, in der Kraft des Rufes, der sie getroffen hat. Ihr *seid* das Salz – nicht: Ihr habt das Salz. Es wäre eine Verkürzung, wollte man mit den Reformatoren die Botschaft der Jünger dem Salz gleichsetzen. Ihre ganze Existenz, sofern sie durch den Ruf Christi in die Nachfolge neu begründet ist, diese Existenz, von der die Seligpreisungen redeten, ist gemeint. Wer vom Ruf Jesu getroffen in seiner Nachfolge steht, ist durch diesen Ruf in seiner ganzen Existenz Salz der Erde.

Nach zehn Jahren. Rechenschaft an der Wende zum Jahr 1943,
DBW 8, S. 30–38

Einige Glaubenssätze über das Walten Gottes in der Geschichte

Ich glaube, dass Gott aus allem, auch aus dem Bösesten, Gutes entstehen lassen kann und will. Dafür braucht er Menschen, die sich alle Dinge zum Besten dienen lassen. Ich glaube, dass Gott uns in jeder Notlage so viel Widerstandskraft geben will, wie wir brauchen. Aber er gibt sie nicht im Voraus, damit wir uns nicht auf uns selbst, sondern allein auf ihn verlassen. In solchem Glauben müsste alle Angst vor der Zukunft überwunden sein. Ich glaube, dass auch unsere Fehler und Irrtümer nicht vergeblich sind, und dass es Gott nicht schwerer ist, mit ihnen fertig zu werden, als mit unseren vermeintlichen Guttaten. Ich glaube, dass Gott kein zeitloses Fatum ist, sondern dass er auf aufrichtige Gebete und verantwortliche Taten wartet und antwortet.

Vertrauen

Die Erfahrung des Verrates ist kaum einem erspart geblieben. Die Gestalt des Judas, die uns früher so unbegreiflich war, ist uns kaum mehr fremd. So ist die Luft, in der wir leben, durch Misstrauen verpestet, dass wir fast daran zugrunde gehen. Wo wir aber die Schicht des Misstrauens durchbrachen, dort haben wir die Erfahrung eines bisher gar nicht geahnten Vertrauens machen dürfen. Wir haben es gelernt, dort, wo wir vertrauen, dem anderen unseren Kopf in die Hände zu geben; gegen alle Vieldeutigkeiten, in denen unser Handeln und Leben stehen musste, haben wir grenzenlos vertrauen gelernt. Wir wissen nun, dass nur in solchem Vertrauen, das immer ein Wagnis bleibt, aber ein freudig bejahtes Wagnis, wirklich gelebt und gearbeitet werden kann. Wir wissen, dass es zu dem Verwerflichsten gehört, Misstrauen zu säen und zu begünstigen, dass vielmehr Vertrauen, wo es nur möglich ist, gestärkt und gefördert werden soll. Immer wird uns das Vertrauen eines der größten, seltensten und beglückendsten Geschenke menschlichen Zusammenlebens bleiben, und es wird doch immer nur auf dem dunklen Hintergrund eines notwendigen Misstrauens entstehen. Wir haben gelernt, uns dem Gemeinen durch nichts, dem Vertrauenswürdigen aber restlos in die Hände zu geben.

Qualitätsgefühl

Wenn wir nicht den Mut haben, wieder ein echtes Gefühl für menschliche Distanzen aufzurichten und darum persönlich zu kämpfen, dann kommen wir in einer Anarchie menschlicher Werte um. Die Frechheit, die ihr Wesen in der Missachtung aller menschlichen Distanzen hat, ist ebenso sehr das Charakteristikum des Pöbels, wie die innere Unsicherheit, das Feilschen und Buhlen um die Gunst des Frechen, das Sichgemeinmachen mit dem Pöbel der Weg zur eigenen Verpöbelung ist. Wenn man nicht mehr weiß, was man sich und anderen schuldig ist, wo das Gefühl für menschliche Qualität und die Kraft, Distanz zu halten, erlischt, dort ist das Chaos vor der Tür. Wo man um materieller Bequemlichkeiten willen duldet, dass die Frechheit einem zu nahe tritt, dort hat man sich bereits selbst aufgegeben, dort hat man die Flut des Chaos an der Stelle des Dammes, an die man gestellt war, durchbrechen lassen und sich schuldig gemacht am Ganzen. In anderen Zeiten mag es die Sache des Christentums gewesen sein, von der Gleichheit der Menschen Zeugnis zu geben; heute wird gerade das Christentum für die Achtung menschlicher Distanzen und menschlicher Qualität leidenschaftlich einzutreten haben. Die Missdeutung, als handele man in eigener Sache, die billige Verdächtigung unsozialer Gesinnung, muss entschlossen in Kauf genommen werden. Sie sind die bleibenden Vorwürfe des Pöbels gegen die Ordnung. Wer hier weich und unsicher wird, begreift nicht, worum es geht, ja vermutlich treffen ihn die Vorwürfe sogar mit Recht. Wir stehen mitten in dem Prozess der Verpöbelung in allen Gesellschaftsschichten und zugleich in der Geburtsstunde einer neuen adligen Haltung, die einen Kreis von Menschen aus allen bisherigen Gesellschaftsschichten verbindet. Adel entsteht und besteht durch Opfer, durch Mut und durch ein klares Wissen um das, was man sich selbst und was man anderen schuldig ist, durch die selbstverständliche Forderung der Achtung, die einem zukommt, wie durch ein ebenso selbstverständliches Wahren der Achtung nach oben wie nach unten. Es geht auf der ganzen Linie um das Wiederfinden verschütteter Qualitätserlebnisse, um eine Ordnung aufgrund von Qualität. Qualität ist der stärkste Feind jeder Art von Vermassung. Gesellschaftlich bedeutet das den Verzicht auf die Jagd nach Positionen, den Bruch mit allem Starkult, den freien Blick nach oben und nach unten, besonders was die Wahl des engeren Freundeskreises angeht, die Freude am verborgenen Leben wie den Mut zum öffentlichen Leben. Kulturell bedeutet das Qualitätserlebnis die Rückkehr von Zeitung und Radio zum Buch, von der Hast zur Muße und Stille, von der Zerstreuung zur Sammlung, von der Sensation zur Besinnung, vom Virtuosenideal zur Kunst, vom Snobismus zur Bescheidenheit, von der Maßlosigkeit zum Maß. Quantitäten machen einander den Raum streitig, Qualitäten ergänzen einander.

Mitleiden

Man muss damit rechnen, dass die meisten Menschen nur durch Erfahrungen am eigenen Leibe klug werden. So erklärt sich *erstens* die erstaunliche Unfähigkeit der meisten Menschen zu präventivem Handeln jeder Art – man glaubt eben selbst immer noch um die Gefahr herumzukommen, bis es schließlich zu spät ist; *zweitens* die Stumpfheit gegenüber fremdem Leiden; proportional mit der wachsenden Angst vor der bedrohlichen Nähe des Unheils entsteht das Mitleid. Es lässt sich manches zur Rechtfertigung dieser Haltung sagen, ethisch: Man will dem Schicksal nicht in die Räder greifen; innere Berufung und Kraft zum Handeln schöpft man erst aus dem eingetretenen Ernstfall; man ist nicht für alles Unrecht und Leiden in der Welt verantwortlich und will sich nicht zum Weltenrichter aufwerfen; psychologisch: Der Mangel an Fantasie, an Sensitivität, an innerem Auf-dem-Sprunge-Sein wird ausgeglichen durch eine solide Gelassenheit, ungestörte Arbeitskraft und große Leidensfähigkeit. Christlich gesehen, können freilich alle diese Rechtfertigungen nicht darüber hinwegtäuschen, dass es hier entscheidend an der Weite des Herzens mangelt. Christus entzog sich so lange dem Leiden, bis seine Stunde gekommen war; dann aber ging er ihm in Freiheit entgegen, ergriff es und überwand es. Christus – so sagt die Schrift – erfuhr alles Leiden aller Menschen an seinem Leibe als eigenes Leiden – ein unbegreiflich hoher Gedanke! –, er nahm es auf sich in Freiheit. Wir sind gewiss nicht Christus und nicht berufen, durch eigene Tat und eigenes Leiden die Welt zu erlösen, wir sollen uns nicht Unmögliches aufbürden und uns damit quälen, dass wir es nicht tragen können, wir sind nicht Herren, sondern Werkzeuge in der Hand des Herrn der Geschichte, wir können das Leiden anderer Menschen nur in ganz begrenztem Maße wirklich mitleiden. Wir sind nicht Christus, aber wenn wir Christen sein wollen, so bedeutet das, dass wir an der Weite des Herzens Christi teilbekommen sollen in verantwortlicher Tat, die in Freiheit die Stunde ergreift und sich der Gefahr stellt und in echtem Mitleiden, das nicht aus der Angst, sondern aus der befreienden und erlösenden Liebe Christi zu allen Leidenden quillt. Tatenloses Abwarten und stumpfes Zuschauen sind keine christlichen Haltungen. Den Christen rufen nicht erst die Erfahrungen am eigenen Leibe, sondern die Erfahrungen am Leibe der Brüder, um derentwillen Christus gelitten hat, zur Tat und zum Mitleiden.

Vom Leiden

Es ist unendlich viel leichter, im Gehorsam gegen einen menschlichen Befehl zu leiden als in der Freiheit eigenster verantwortlicher Tat. Es ist unendlich viel leichter, in Gemeinschaft zu leiden als in Einsamkeit. Es ist unendlich viel leichter, öffentlich und unter Ehren zu leiden als abseits und in Schanden. Es ist unendlich viel leichter, durch den Einsatz des leiblichen Lebens zu leiden als durch den Geist. Christus litt in Freiheit, in Einsamkeit, abseits und in Schanden, an Leib und Geist, und seither viele Christen mit ihm.

Gegenwart und Zukunft

Es schien uns bisher zu den unveräußerlichen Rechten menschlichen Lebens zu gehören, sich einen Lebensplan entwerfen zu können, beruflich und persönlich. Damit ist es vorbei. Wir sind durch die Macht der Umstände in die Situation geraten, in der wir darauf verzichten müssen, „für den kommenden Tag zu sorgen" (Matthäus 6,34), wobei es ein wesentlicher Unterschied ist, ob das aus der freien Haltung des Glaubens heraus geschieht, die die Bergpredigt meint, oder als erzwungener Frondienst am jeweiligen Augenblick. Für die meisten Menschen bedeutet der erzwungene Verzicht auf Zukunftsplanung den verantwortungslosen, leichtfertigen oder resignierten Verfall an den Augenblick, einige wenige träumen noch sehnschüchtig von einer schöneren Zukunft und versuchen darüber die Gegenwart zu vergessen. Beide Haltungen sind für uns gleich unmöglich. Uns bleibt nur der sehr schmale und manchmal kaum noch zu findende Weg, jeden Tag zu nehmen, als wäre er der letzte, und doch in Glauben und Verantwortung so zu leben, als gäbe es noch eine große Zukunft. „Noch soll man Häuser, Äcker und Weinberge kaufen in diesem Lande" (Jeremia 32,15), muss Jeremia – in paradoxem Widerspruch zu seinen Unheilsweissagungen – unmittelbar vor der Zerstörung der heiligen Stadt verkündigen, angesichts der völligen Zukunftslosigkeit ein göttliches Zeichen und Unterpfand einer neuen großen Zukunft. Denken und Handeln im Blick auf die kommende Generation, dabei ohne Furcht und Sorge jeden Tag bereit sein zu gehen – das ist die Haltung, die uns praktisch aufgezwungen ist und die tapfer durchzuhalten nicht leicht, aber notwendig ist.

Optimismus

Es ist klüger, pessimistisch zu sein: Vergessen sind die Enttäuschungen und man steht vor den Menschen nicht blamiert da. So ist Optimismus bei den Klugen verpönt. Optimismus ist in seinem Wesen keine Ansicht über die gegenwärtige Situation, sondern er ist eine Lebenskraft, eine Kraft der Hoffnung, wo andere resignierten, eine Kraft, den Kopf hoch zu halten, wenn alles fehlzuschlagen scheint, eine Kraft, Rückschläge zu ertragen, eine Kraft, die die Zukunft niemals dem Gegner lässt, sondern sie für sich in Anspruch nimmt. Es gibt gewiss auch einen dummen, feigen Optimismus, der verpönt werden muss. Aber den Optimismus als Willen zur Zukunft soll niemand verächtlich machen, auch wenn er hundertmal irrt. Er ist die Gesundheit des Lebens, die der Kranke nicht anstecken soll. Es gibt Menschen, die es für unernst, Christen, die es für unfromm halten, auf eine bessere irdische Zukunft zu hoffen und sich auf sie vorzubereiten. Sie glauben an das Chaos, die Unordnung, die Katastrophe als den Sinn des gegenwärtigen Geschehens und entziehen sich in Resignation oder frommer Weltflucht der Verantwortung für das Weiterleben, für den neuen Aufbau, für die kommenden Geschlechter. Mag sein, dass der jüngste Tag morgen anbricht, dann wollen wir gern die Arbeit für eine bessere Zukunft aus der Hand legen, vorher aber nicht.

Gefährdung und Tod

Der Gedanke an den Tod ist uns in den letzten Jahren immer vertrauter geworden. Wir wundern uns selbst über die Gelassenheit, mit der wir Nachrichten von dem Tode unserer Altersgenossen aufnehmen. Wir können den Tod nicht mehr so hassen, wir haben in seinen Zügen etwas von Güte entdeckt und sind fast ausgesöhnt mit ihm. Im Grunde empfinden wir wohl, dass wir ihm schon gehören und dass jeder neue Tag ein Wunder ist. Es wäre wohl nicht richtig zu sagen, dass wir gern sterben – obwohl keinem jene Müdigkeit unbekannt ist, die man doch unter keinen Umständen aufkommen lassen darf –, dazu sind wir schon zu neugierig oder etwas ernsthafter gesagt: Wir möchten gern noch etwas vom Sinn unseres zerfahrenen Lebens zu sehen bekommen. Wir heroisieren den Tod auch nicht, dazu ist uns das Leben zu groß und teuer. Erst recht weigern wir uns, den Sinn des Lebens in der Gefahr zu sehen, dafür sind wir nicht verzweifelt genug und wissen wir zu viel von den Gütern des Lebens, dafür kennen wir auch die Angst um das Leben zu gut und all die anderen zerstörenden Wirkungen einer dauernden Gefährdung des Lebens. Noch lieben wir das Leben, aber ich glaube, der Tod kann uns nicht mehr sehr überraschen. Unseren Wunsch, er möchte uns nicht zufällig, jäh, abseits vom Wesentlichen, sondern in der Fülle des Lebens und in der Ganzheit des Einsatzes treffen, wagen wir uns seit den Erfahrungen des Krieges kaum mehr einzugestehen. Nicht die äußeren Umstände, sondern wir selbst werden es sein, die unseren Tod zu dem machen, was er sein kann, zum Tod in freiwilliger Einwilligung.

Sind wir noch brauchbar?

Wir sind stumme Zeugen böser Taten gewesen, wir sind mit vielen Wassern gewaschen, wir haben die Künste der Verstellung und der mehrdeutigen Rede gelernt, wir sind durch Erfahrung misstrauisch gegen die Menschen geworden und müssten ihnen die Wahrheit und das freie Wort oft schuldig bleiben, wir sind durch unerträglich Konflikte mürbe oder vielleicht zynisch geworden – sind wir noch brauchbar? Nicht Genies, nicht Zyniker, nicht Menschenverächter, nicht raffinierte Taktiker, sondern schlichte, einfache, gerade Menschen werden wir brauchen. Wird unsere innere Widerstandskraft gegen das uns Aufgezwungene stark genug und unsere Aufrichtigkeit gegen uns selbst schonungslos genug geblieben sein, dass wir den Weg zur Schlichtheit und Geradheit wiederfinden?

Predigt Berlin, 24. Juli 1932, DBW 11, S. 454–463

PREDIGT ZU JOHANNES 8,32

„Die Wahrheit wird euch frei machen."

Das ist vielleicht das revolutionärste Wort des ganzen Neuen Testaments. Es richtet sich darum nicht an die Massen, sondern es wird begriffen allein von ganz wenigen echten Revolutionären. Es ist darum ein ganz exklusives Wort. Es bleibt der Menge ein Geheimnis oder sie macht eine Phrase daraus. Und das ist das Allergefährlichste. Denn die Phrase stumpft das Revolutionäre gänzlich ab.

Wer ist denn der exklusive Kreis von Menschen, der hier angeredet ist? Sind das die großen politischen oder wissenschaftlichen Revolutionäre und ihre Getreuen? Sind es die Freiheitshelden verschiedenster Völker? Sind es die Kämpfer um Fortschritt und Erkenntnis? Wo finden wir diesen Kreis und wie sieht er aus, für den dies Wort irgendwie gilt?

Jeder von uns hat schon einmal folgende Situation erlebt: Ein Kreis von erwachsenen Menschen ist zusammen. Im Laufe des Gespräches kann ein Thema, das einigen der Anwesenden persönlich außerordentlich peinlich ist, nicht vermieden werden. Es kommt zu einer entsetzlich gequälten Aussprache, die voller Lüge und Angst ist. Ein Kind, das zufällig dabei ist und die Lage natürlich nicht erfasst, weiß irgendetwas, was zwar alle anderen auch wissen, aber scheu verdecken. Das Kind wundert sich, dass die anderen das nicht zu wissen scheinen, was es weiß, und sagt es nun seinerseits rund heraus. Ein starres Entsetzen geht durch den Kreis – das Kind wundert sich wiederum. Man stiert verzweifelt auf das Kind. Das Kind lacht und freut sich, dass es das Richtige gewusst hat. Es ist etwas Irreparables geschehen. Das Gerede voll Lüge und Angst ist auf einmal jäh abgeschnitten, wie mit einem Schlag. Auf Lüge und Angst fällt plötzlich ein grelles Licht. Sie werden gänzlich entlarvt. Sie müssen ohnmächtig in Verzweiflung unter diesem Licht dahinsterben. Was geschehen ist, ist nichts, als dass in der Gestalt dieses sich über die Erwachsenen wundernden Kindes die Wahrheit ans Licht gekommen ist. Das Wort des Kindes hat die Erwachsenen in ihrer Verlogenheit vor sich selbst und voreinander gänzlich bloßgestellt. Es war das ganz Revolutionäre, was hier geschah. Und durch wen geschah es? Durch das sich wundernde, lachende, ahnungslose Kind, das die Dinge so sagte, wie sie waren. Das Kind allein war frei.

Ein anderes Bild: An den Höfen der Fürsten gab es neben den Rittern, den Sängern und Dichtern, die die Hüter der höfischen Sitte und der höfischen Lüge waren, einen Mann, dem man schon an seiner Kleidung ansah, dass er nicht dazu gehörte. Er fiel heraus. Er war lächerlich angezogen. Man behandelte ihn wie einen, der eben nicht eigentlich in Betracht kommt. Er war eine Ausnahmeerscheinung am Hof. Und doch brauchte man diese Ausnahme an jedem Hof. Er gehörte nicht dazu, aber er war unentbehrlich. Er war der Narr. Er war der Einzige, der jedem die Wahrheit sagen durfte, und jeder musste sie hören. Er kam eigentlich nicht [in] Betracht, aber entbehren wollte man ihn auch nicht. So eben steht es bei uns mit der Wahrheit. Aber er war der einzig freie Mann am Hof.

Und nun das dritte Bild. Wenn man die vorigen Bilder recht verstanden hat, so wird man es nicht als unwürdig empfinden, hier das dritte Bild angedeutet zu sehen: Ich meine den Mann, der geschlagen und zerschunden, im Spott mit Dornen zum König gekrönt, vor seinem Richter steht und sich den König der Wahrheit nennt; dem nun Pilatus die kluge, aber hoffnungslos weltliche Frage stellt: Was ist Wahrheit? Diese Frage, gerichtet an den, der von sich selbst sagte: Ich bin die Wahrheit! Und der nun, weil er die Wahrheit ist, dem Pilatus schweigend seine Frage zurückgibt: Wer bist du, Pilatus, angesichts der Wahrheit vor mir? Es geschieht hier nichts weiter, als dass die Wahrheit gekreuzigt wird und dass Pilatus durch diese gekreuzigte Wahrheit gerichtet ist. Nicht du fragst nach der Wahrheit, sondern die Wahrheit fragt nach dir! Der gekreuzigte König der Wahrheit, zu dem wir beten, das ist das dritte Bild, das wir ins Auge fassen wollen, wo wir im Neuen Testament von Wahrheit reden hören. Das Kind, der Narr, der Gekreuzigte – eine eigentümliche Auswahl von Menschen, von Rettern der Menschheit, von Revolutionären. Aber wir wissen jetzt etwas mehr, an wen wir zu denken haben, wenn wir das Wort hören: die Wahrheit wird euch freimachen.

Die Wahrheit ist im menschlichen Leben etwas Fremdes, Ungewöhnliches, Ausnahmehaftes. Es ist, wie wenn etwas ganz unerwartet plötzlich und gewalttätig in unser Leben hineinbricht, wenn irgendwo die Wahrheit gesagt wird. Es ist nichts Ungewöhnliches, dass man uns mit Posaunentönen in die Ohren tönt, man werde jetzt die volle Wahrheit zu hören bekommen. Aber die Wahrheit auf dem Programm ist noch lange nicht wirkliche Wahrheit. Wirkliche Wahrheit unterscheidet sich von jeder phrasenhaften Wahrhaftigkeit dadurch, dass sie etwas ganz Bestimmtes will, dass etwas geschieht – nämlich, dass sie den Menschen löst, frei macht. Dass sie dem Menschen auf einmal die Augen darüber öffnet, dass er bisher in der Lüge und in der Unfreiheit und Angst gelebt hat und ihm [so] die Freiheit zurückgibt. Und es ist nun der ganz eindeutige Satz der Bibel, dass der Mensch ganz in der Sklaverei und in der Lüge sei und dass allein die Wahrheit, die von Gott kommt, den Menschen frei mache.

Es ist gegenwärtig nicht schwer, von der Freiheit zu reden, und zwar so davon zu reden, dass die Leidenschaften eines Deutschen aufwachen und alles in ihm erbeben lassen, ihn alles andere vergessen lassen. Es mag im heutigen Deutschland manche geben, die wie einst die gefangenen Israeliten tief in sich versunken von nichts anderem träumen als von der Freiheit, die in großen Visionen ihr Bild sehen und nach ihm greifen, bis sie erwachen und das Bild zerrinnt. Jawohl, es ist heute leicht, von der Freiheit so zu reden.

Aber es ist sehr schwer, von der Freiheit so zu reden, wie die Bibel es tut. Die *Wahrheit* wird euch frei machen, das ist zu allen Zeiten höchst unzeitgemäß. Unsere Tat, unsere Kraft, unser Mut, unsere Rasse, unsere Sittlichkeit – kurz *wir,* wir werden uns frei machen. Das ist verständlich, das ist populär. Aber was soll dieses nüchterne Wort „Wahrheit" in diesem Zusammenhang? Das Wort „Wahrheit" ist unpopulär geworden. Wir spüren, dies Wort hat etwas gegen uns. Es hat eine Spitze. Man kann heute nichts Unpopuläreres tun, als dort, wo die größten Worte in den Mund genommen werden, in religiösen, in politischen, in weltanschaulichen Dingen ganz nüchtern die Frage zu stellen: Ja ist denn all das wahr? Das gerade will man nicht hören. Das klingt so kritisch, so zerstörerisch, so verständnislos, so kalt, so gewalttätig. Wir leben alle in unaufhörlicher, unüberwindlicher Angst vor der Wahrheit, auch dort, wo wir es nicht meinen, ja dort sogar, wo wir meinen, dass wir selbst die Wahrheit in die Welt zu bringen berufen sind. Wir fürchten uns immer noch davor, dass einer kommt, der tiefer sieht als wir und der uns fragend ansieht und unter dessen Blick alle unsere Werte zusammenbrechen. Und aus lauter Furcht reden wir umso lauter, als ob wir die Wahrheit wüssten.

Wir alle haben Angst vor der Wahrheit. Und diese Angst ist im Grunde unsere Angst vor Gott. Gott ist die Wahrheit, und kein anderer. Und wir fürchten uns vor ihm, dass er uns plötzlich ins Licht der Wahrheit stellt und uns in unserer Lügenhaftigkeit entlarvt. Die Wahrheit ist eine Macht, eine Gewalt, die über uns steht und uns jeden Augenblick vernichten kann. Sie ist nicht der heitere Himmel der Begriffe und Ideen, sondern das Schwert Gottes, der drohende Blitz, der zerstörend und erleuchtend in die Nacht hineinfährt. Die Wahrheit ist der lebendige Gott selbst und sein Wort, wo es hintrifft. Vor dieser Wahrheit muss der Mensch sterben. Und weil der Mensch klug ist und das weiß, darum umhüllt er sich immer tiefer mit Lüge und Schein. Er will die Wahrheit nicht sehen, denn [er] will nicht sterben. Darum muss er es lernen, immer besser, raffinierter, tiefer, gedankenvoller lügen zu können. Ja, darum muss er es dahin bringen, sich so tief in die Lüge zu verstricken, dass er es selbst nicht mehr weiß, dass er lügt, sondern dass er seine Lüge für Wahrheit hält. Und dahin hat es der Mensch gebracht. Und weil er es dahin gebracht hat, darum hält er all das, was wir hier sagen, für Übertreibung und Unwahrheit.

Gewiss, jeder Aufrichtige wird zugeben, dass die politische Lüge, die konventionelle, weltanschauliche, soziale Lüge, die eigennützige Lüge eine verheerende Gewalt über uns hat. Wir können uns doch in unserer Fantasie nicht einmal ausdenken, was sich ereignen würde, wenn auf einmal alle Schleier und Hüllen der Lüge um uns fallen würden und wir nun so, wie wir in Wahrheit sind, dastünden. Wir wissen gar nicht, bis in welche Tiefe unseres Wesens wir hier bloßgestellt würden. Wir wissen nur eines: dass dann ein Leben, so wie wir es jetzt führen, einfach unmöglich wäre. Nur weil wir nicht in der Durchsichtigkeit des Lichtes, sondern in der Undurchsichtigkeit der Nacht leben, können wir leben. Es ist aber nichts Geringeres als die Vorstellung vom Jüngsten Gericht, vom letzten Tag der Welt, die uns hier aufgegeben ist.

Und doch wehren wir uns gegen die Behauptung, es sei nicht nur viel Lüge um uns herum und in uns, sondern wir selbst seien die Erzlügner. Und wir müssen uns dagegen wehren, so lange bis etwas ganz Unerwartetes geschieht, nämlich so lange, bis Gott selbst als die Wahrheit uns begegnet und nun selbst tut, was wir nicht tun können, nämlich uns die Wahrheit vor sich stellt. Und hier freilich geht es nicht mehr um die politische Lüge oder die konventionelle Lüge als solche, sondern hier geht es um uns selbst, um uns als die Erzlügner selbst in unserem ganzen Dasein. Hier geht es wirklich unbarmherzig zu. Hier werden wir als die Angeklagten wider Willen vor den Richter geschleift. Hier können wir nicht mehr auf dies oder jenes andere weisen, sondern wir selbst sind angepackt.

Und nun geschieht etwas, über das wir gar keine Macht mehr haben – nun *geschieht* die *Wahrheit.* Sie tritt uns entgegen in seltsamer Gestalt, nicht in strahlender, unnahbarer Herrlichkeit und leuchtender, herzbezwingender Klarheit, sondern als die gekreuzigte Wahrheit, als der gekreuzigte Christus. Und die Wahrheit redet zu uns. Sie fragt uns: Wer hat mich, die Wahrheit, gekreuzigt? Und sie antwortet schon im selben Augenblick: Sieh her, das hast *du* getan; tua culpa, tua maxima culpa. Du hast die Wahrheit Gottes über dich gehasst. Du hast sie gekreuzigt und du hast deine eigene Wahrheit aufgerichtet. Du hast gemeint, du wüsstest die Wahrheit, du besäßest sie, du könntest die Menschen mit der Wahrheit beglücken. Und du hast dich dadurch zum Gott gemacht. Du hast Gott seine Wahrheit geraubt und sie wurde in der Ferne Gottes zur Lüge. Du meintest, du könntest die Wahrheit machen, schaffen, verkündigen – aber du vermaßest dich damit, Gott zu sein, und bist damit gescheitert. Du hast die Wahrheit gekreuzigt.

Und wenn uns dies noch eine Rede in Rätseln sein sollte, so hören wir die Wahrheit noch viel deutlicher reden: Du lebtest, als seiest du allein in der Welt. Du fandest in dir die Quelle der Wahrheit, die allein in Gott ist. Und darum hasstest du die anderen Menschen, die es ebenso machen. Du fandest in dir die Mitte der Welt und eben dies war die Lüge. Du sahst deinen Bruder in der Welt als das Reich deiner Herrschaft an und sahst nicht, dass ihr alle, du und sie, von der Wahrheit Gottes lebt. Du rissest dich aus der Gemeinschaft mit Gott und dem Bruder heraus und glaubtest, allein leben zu können. Du hasstest Gott und den Bruder, weil sie deiner Wahrheit widersprachen. Das war die Lüge, darum bist du Lügner ganz und gar. Dein Alleinseinwollen, dein Hass ist die Lüge. Darum hast *du* die Wahrheit Gottes gekreuzigt. Du meinst, du seiest frei geworden, als du dich losrissest und die Wahrheit hasstest. Aber du bist Knecht geworden. Knecht deines Hasses, Knecht deiner Lüge. Der Weg zur Wahrheit und zur Freiheit ist dir verschlossen. Er führt allein ans Kreuz, in den Tod. So redet die Wahrheit zu uns. Ihr letztes Wort über uns mit all unserer vermeintlichen Wahrheit heißt Tod. Denn es ist selbst die gekreuzigte Wahrheit, die lebendig zu uns redet. Wer glaubt es? Heute? Morgen? Am Jüngsten Tag?

Etwas höchst Eigentümliches hat sich hier gezeigt: Unsere Lüge ist Lüge gegen Gott. Sie wehrt sich gegen die Wirklichkeit und die Wahrheit Gottes, gegen seine Gemeinschaft [und] Gnade, gegen seine Liebe. Unsere Lüge hasst die Liebe Gottes, weil sie ihrer nicht zu bedürfen meint. Das Wesen unserer Lüge ist Hass, weil das Wesen der Wahrheit Gottes Gnade [und] Liebe ist. Damit aber ist deutlich, dass Wahrheit und Lüge nicht nur etwas ist, was man sagt, sondern auch, was man tut, das heißt, worin man ganz und gar lebt. Wer in der Lüge lebt, lebt im Hass. D. h. aber, er lebt in der Fesselung an sich selbst. Er ist in Ketten gelegt, er ist ein Knecht seiner selbst. Dies zu erkennen aber ist die erste Erkenntnis der Wahrheit Gottes, eine Erkenntnis, die Gott allein gibt. Wer sich als Sklaven der Lüge, der Angst und des Hasses erkennt, der ist schon von Gott in die Wahrheit gestellt. Er sieht ein, dass alle seine vermeintliche Freiheit nur Knechtschaft und all seine vermeintliche Wahrheit Lüge war. Und wer es hört, über den kommt das unaussprechliche Seufzen, in dem er sich heraussehnt aus der Gefangenschaft: Herr, mache mich frei von mir selbst. Und nun kommt ihm das Wort von Neuem entgegen: Die Wahrheit wird euch frei machen.

Nicht unsere Tat, unser Mut, unsere Kraft, unser Volk, unsere Wahrheit, sondern Gottes Wahrheit allein. Warum? Weil *frei* werden nicht heißt: *groß* werden in der Welt, frei werden gegen den Bruder, frei werden gegen Gott, sondern frei werden von sich selbst, von der Lüge, als sei ich allein da, als sei ich die Mitte der Welt; von dem Hass, mit dem ich Gottes Schöpfung verachte, frei werden von sich selbst für den andern. Gottes Wahrheit allein aber lässt mich den andern sehen. Sie richtet meinen in mich verbogenen Blick über sich hinaus und zeigt ihm den anderen Menschen. Und indem sie das tut, tut sie an mir die Tat der Liebe, der Gnade

Gottes. Sie vernichtet unsere Lüge und schafft die Wahrheit. Sie vernichtet den Hass und schafft die Liebe. Gottes Wahrheit ist Gottes Liebe und Gottes Liebe macht uns frei von uns selbst für den andern. Frei sein heißt nichts anders, als in der Liebe sein. Und in der Liebe sein heißt nichts anderes, als in der Wahrheit Gottes sein.

Der Mensch, der liebt, weil [er] durch die Wahrheit Gottes frei gemacht ist, ist der revolutionärste Mensch auf Erden. Er ist der Umsturz aller Werte, er ist der Sprengstoff der menschlichen Gesellschaft, er ist der gefährlichste Mensch. Denn er hat erkannt, dass die Menschen im Tiefsten verlogen sind. Und er ist jederzeit bereit, das Licht der Wahrheit auf sie fallen zu lassen – und dies eben um der Liebe willen. Aber eben diese Störung, die durch diesen Menschen in die Welt kommt, fordert den Hass der Welt heraus. Und darum ist der Ritter der Wahrheit und der Liebe nicht der Held, den die Menschen anbeten, verehren, der frei ist von Feinden, sondern der, den sie ausstoßen, den sie los werden wollen, den sie für vogelfrei erklären, den sie töten. Der Weg, den Gottes Wahrheit in der Welt ging, führt ans Kreuz. Von da an wissen wir, dass alle Wahrheit, die vor Gott bestehen will, ans Kreuz muss. Die Gemeinde, die Christus folgt, muss mit ihm ans Kreuz. Sie wird um ihrer Wahrheit und Freiheit willen von der Welt gehasst werden. Aber auch ein Volk kann die Wahrheit und die Freiheit nicht finden, wenn es sich nicht dem Gericht der Wahrheit Gottes stellt. Auch ein Volk bleibt so lange in der Lüge und in der Sklaverei, bis es von Gott allein seine Wahrheit und seine Freiheit empfängt und empfangen will; bis es weiß, dass Wahrheit und Freiheit in die Liebe führen; ja, bis es weiß, dass der Weg der Liebe ans Kreuz geht. Wird ein Volk heute dies wirklich wissen, dann wird es das einzige Volk sein, das sich mit Recht ein freies Volk nennen darf, das einzige Volk, das nicht der Sklave seiner selbst, sondern der freie Knecht der Wahrheit Gottes ist.

Wir alle, jeder einzelne für sich und wir als Gesamtheit, fühlen die drückende Last unserer Ketten. Gott, wir schreien nach der Freiheit. Aber, o Gott, bewahre uns, dass wir kein lügnerisches

Bild der Freiheit erträumen und in der Lüge bleiben. Gib du uns die Freiheit, die uns ganz auf dich, auf deine Gnade wirft. Herr, mach uns mit deiner Wahrheit, die unser [Herr] Jesus Christus ist, frei. Herr, wir warten auf deine Wahrheit.

Aus: Nachfolge. Die große Scheidung 1937, DBW 4, S. 184

Habt Mut zur Minderheit, Mut zum Ganz-allein-Sein. ... Wer den Mut zur Einsamkeit nicht hat, hat Jesus nicht verstanden ... Lukas 12 (Vers 32). Nicht die möglichst breite Basis der Kirche ist zu suchen, sondern die einzige Basis ist der schmale Weg des Gebots Jesu.

Brief an Karl-Friedrich Bonhoeffer,
14. Januar 1935, DBW 13, S. 272f.

Hier sitzt die einzige Kraftquelle, die den ganzen Zauber und Spuk einmal in die Luft sprengen kann, bis von dem Feuerwerk nur ein paar ausgebrannte Reste übrig bleiben. Die Restauration der Kirche kommt gewiss aus einer Art neuen Mönchtums, das mit dem alten nur die Kompromisslosigkeit eines Lebens nach der Bergpredigt in der Nachfolge Christi gemeinsam hat. Ich glaube, es ist an der Zeit, hierfür die Menschen zu sammeln.

Aus: Ethik. Christus, die Wirklichkeit und das Gute.
1941, DBW 6, S. 53

Alles wäre verdorben, wollte man Christus für die Kirche aufbewahren, während man der Welt nur irgendein, vielleicht christliches, Gesetz gönnt. Christus ist für die Welt gestorben, und nur mitten in der Welt ist Christus Christus.

Aus: Ethik. Ethik als Gestaltung 1940, DBW 6, S. 67

Nur wer hier Einfalt und Klugheit miteinander zu verbinden vermag, kann bestehen. Aber was ist Einfalt? Was ist Klugheit? Wie wird aus beiden eins? Einfältig ist, wer in der Verkehrung, Verwirrung und Verdrehung aller Begriffe allein die schlichte Wahrheit Gottes im Auge behält. [...] Klug ist, wer die Wirklichkeit sieht, wie sie ist, wer auf den Grund der Dinge sieht. Klug ist darum allein, wer die Wirklichkeit in Gott sieht.

Brief aus dem Gefängnis, 15. Dezember 1943, DBW 8, S. 235

Was heißt „Haltung" eigentlich? Kurz, man kennt sich weniger denn je über sich selbst aus und legt auch keinen Wert mehr darauf, und der Überdruss an aller Psychologie und die Abneigung gegen die seelische Analyse wird immer gründlicher. Ich glaube, darum ist mir Stifter und Gotthelf so wichtig gewesen. Es geht um Wichtigeres als um Selbsterkenntnis.

Brief aus dem Gefängnis, 30. April 1944, DBW 8, S. 402

Die Leute hier sagen mir immer wieder – was mir, wie du siehst, stark schmeichelt –, dass von mir „eine solche Ruhe ausstrahle" und dass ich „immer so heiter" sei.

Aus: Nachfolge. Die verborgene Gerechtigkeit 1937, DBW 4, S. 151f.

Nein, gerade nicht das Außerordentliche, sondern das ganz Alltägliche, das Reguläre, das Verborgene ist das Zeichen echten Gehorsams und echter Demut!

Im Kreuz liegt das Heil

Christen und Heiden

Menschen gehen zu Gott in ihrer Not,
flehen um Hilfe, bitte um Glück und Brot,
um Errettung aus Krankheit, Schuld und Tod.
So tun sie alle, alle, Christen und Heiden.

Menschen gehen zu Gott in Seiner Not,
finden ihn arm, geschmäht, ohne Obdach und Brot,
sehn ihn verschlungen von Sünde, Schwachheit und Tod.
Christen stehen bei Gott in Seinen Leiden.

Gott geht zu allen Menschen in ihrer Not,
sättigt den Leib und die Seele mit Seinem Brot,
stirbt für Christen und Heiden den Kreuzestod,
und vergibt ihnen beiden.

Dietrich Bonhoeffer, Juli 1944, DBW 8, S. 515f.

Predigt New York, Herbst 1930, DBW 10, S. 695f.

Gott hat ein seltsames, und wunderbares und wundervolles Zeichen in der Welt aufgerichtet, wo wir ihn alle finden können; ich meine das Kreuz Jesu Christi, das Kreuz der leidenden Liebe Gottes. Unter dem Kreuze Christi wissen wir, dass wir alle zueinander gehören, dass wir alle Brüder und Schwestern sind mit dem gleichen Bedürfnis und der gleichen Hoffnung, dass wir durch das gleiche Schicksal aneinander gebunden sind – nämlich ein Mensch zu sein mit all seinem Leiden und all seinen Freuden, mit Kummer und Wünschen, mit Enttäuschungen und Erfüllungen – und vor allem ein Mensch zu sein mit seiner Sünde und Schuld, mit seinem Glauben und Hoffnung.

An Eberhard Bethge: Brief aus Ettal, 19. Februar 1941, DBW 16, S. 153

Was würde ich tun, wenn ich wüsste, in 4–6 Wochen wäre es zu Ende? Das geht mir durch den Kopf. Ich glaube, ich würde noch versuchen, Theologie zu unterrichten wie einst und oft zu predigen.

Brief an einen Mitbruder, 15. August 1941, DBW 16, S. 194

Wir können angesichts des Todes nicht in fatalistischer Weise sprechen: „Gott will es", wir müssen das andere hinzusetzen: „Gott will es nicht." Der Tod zeigt an, dass die Welt nicht so ist, wie sie sein sollte, sondern dass sie der Erlösung bedarf. Christus allein ist die Überwindung des Todes.

Aufsatz: Januar 1941, DBW 16, S: 501–505

DER BESTE ARZT

Mitten in der herrlichen Natur sehen wir, wie ein gelähmtes Kind im Rollstuhl gefahren wird. Wer noch ein Herz hat, das nicht völlig stumpf geworden ist für den Nächsten, dem wird es im Augenblick klar, dass hier etwas in unserer Welt nicht in Ordnung ist, dass die Welt, in der dieses Bild der Qual und der Trauer möglich ist, nicht die ursprüngliche Schöpfung Gottes ist. Hier ist etwas Widergöttliches in die Welt eingebrochen. Die Welt ist von ihrem Ursprung abgefallen, zerstörende Mächte haben in ihr Gewalt gewonnen. Nur in einer gottlos gewordenen Welt gibt es Krankheit. Weil die Welt an Gott selbst krankt, darum gibt es kranke Menschen. Nur eine Welt, die wieder ganz in Gott geborgen wäre, eine erlöste Welt, würde ohne Krankheit sein.

In der Bibel begegnet uns ein seltsames Wort: „Und er suchte auch in seiner Krankheit den Herrn nicht, sondern die Ärzte". Es handelt sich dort um einen frommen Mann, dem die Bibel sonst hohes Lob zollt für seinen Eifer um die Sache Gottes. Aber dieser Mann dachte bei aller Frömmigkeit darin sehr modern, dass er streng unterschied zwischen den Dingen der Religion, in denen man sich an Gott wendet, und den irdischen Dingen, in denen man sich bei irdischen Stellen Hilfe holt. Krankheiten, besonders leibliche Krankheiten, sind irdische Angelegenheiten mit irdischen Ursachen und irdischen Heilmitteln. Krankheiten gehören also vor den Arzt, aber nicht vor Gott. Wie dürfte man auch Gott, den Herrn der Welt, mit seinen kleinen leiblichen Übeln belästigen? Gott hat andere Sorgen.

Das ist ganz vernünftig und vielleicht auch ganz religiös gedacht. Aber es ist falsch. Gewiss haben Krankheiten ihre irdischen Ursachen und irdischen Heilmittel; aber damit ist eben bei Weitem nicht alles und nicht das Entscheidende über das Wesen der Krankheit gesagt. Gewiss soll der Kranke zum Arzt gehen und dort Hilfe suchen. Aber das Wichtigste ist damit allein nicht getan und nicht erkannt. Hinter den irdischen Ursachen und Heilmitteln stehen die überirdischen Ursachen und die überirdischen Heilmittel der Krankheit. Solange man daran vorbeigeht, lebt man in Wahrheit an seiner eigenen Krankheit vorbei, bekommt man ihr Wesen gar nicht zu Gesicht. Ihr Fluch und ihr Segen bleiben unerkannt.

Die Krankheit gehört in besonderer Weise zu Gott. Nicht daraus macht die Bibel dem Menschen einen Vorwurf, dass er mit seiner Krankheit zum Arzt geht, sondern daraus, dass er mit ihr nicht zu Gott geht. Es ist kein Zufall, dass Christus in auffallender Nähe zu den Kranken gelebt hat, dass Blinde, Gelähmte, Taubstumme, Aussätzige, Geisteskranke sich unwiderstehlich zu ihm hingezogen fühlten und seine Gemeinschaft suchten. Warum hat Christus diese Leute nicht zum Arzt geschickt? Gewiss nicht, um dem Ansehen der Ärzte zu schaden oder um seine eigene besondere Kunst oder suggestive Kraft zur Schau zu stellen, sondern um es deutlich werden zu lassen, dass Gott und Krankheit, dass Christus und die Kranken ganz eng zusammengehören. Christus will der wahre Arzt der Kranken sein. „Ich bin der Herr, dein Arzt." (Exodus 15, 26) Das sagt Gott, das sagt Christus. Der Schöpfer und Erlöser der Welt bietet sich dem Kranken zum Arzt an. Wollen wir dieses Angebot unversucht lassen, nachdem wir auf soviele, geringere Angebote mit mehr oder weniger Erfolg eingegangen sind?

Wer den Zusammenhang von Gott und Krankheit nur ahnt, wer das unerwartete Angebot ernst nimmt, dem kann die Krankheit zum Hinweis werden auf die Sünde der Menschen, auf die Zerstörung der Gemeinschaft der Geschöpfe mit dem Schöpfer. Hier liegen die überirdischen Gründe und Abgründe der Krankheit. Es ist die Sünde der Welt und es ist meine eigene Sünde, an die ich erinnert werde. Meine Krankheit braucht nicht einfach eine Folge oder Strafe einer bestimmten Sünde zu sein, deren ich mich anzuklagen hätte – auch dies mag der Fall sein, es ist aber nicht notwendig so. Doch will mich jede Krankheit in die Tiefe der Weltsünde und meiner persönlichen Gott-losigkeit hineinblicken lassen. Dieser Blick aber treibt mich zu Gott. Wenn ich in den Abgrund geschaut habe, erbitte ich nicht zuerst die Befreiung von diesem oder jenem Leiden, sondern ich komme mit dem Bekenntnis meiner lange verborgenen Schuld vor Gottes Angesicht. Die leibliche Krankheit will mich erkennen lehren, dass meine eigentliche Krankheit viel tiefer steckt, so tief, dass kein irdischer Arzt sie heilen kann, weil meine eigentliche Krankheit – meine Sünde ist. Nicht nur mein Leib, meine Nerven, mein Gemüt sind krank, sondern mein ganzes Wesen, mein Herz ist krank, krank am Unglauben, an der Angst, an der Gottlosigkeit meines Lebens. Und welcher Gesunde litte nicht auch an dieser heimlichsten und zugleich unheimlichsten Krankheit?

Nun weiß ich, dass mir nur geholfen werden kann, wenn mein ganzes Wesen heil, gesund, neu wird. Wie kann das geschehen? Die Antwort ist ganz einfach und geht doch in die letzte Tiefe unseres Lebens: Durch echte Beichte und durch göttliche Vergebung aller meiner Sünden. Das mag manchem als eine seltsame Wendung und Lösung dieser Frage erscheinen, aber doch nur dem, der das Heilwerden des ganzen Menschen durch Beichte und Vergebung noch nicht erfahren hat. Was heißt Beichte? Sich Jesus Christus mit allen seinen Sünden, Schwächen, Lastern, Leiden öffnen und ihm auf sein Wort hin das ganze Herz geben ohne den geringsten Vorbehalt. Das ist keine leichte Sache, und es mag uns schwerer vorkommen als eine gefährliche Operation. Es wird wohl so sein, dass die meisten von uns hierzu einen brüderlichen Helfer brauchen, der uns in solcher Lebensbeichte beisteht, sei es nun der im geistlichen Amt dienende Pfarrer, sei es irgendein Glied der Gemeinde, das von Christus mehr weiß als ich. Was heißt Vergebung? Auslösung meiner ganzen heillosen, verfahrenen, gescheiterten Vergangenheit (von der vielleicht nur ich selbst weiß) durch Gottes Machtwort und durch das Geschenk eines neuen fröhlichen Anfangs meines Lebens.

Wer kann mir solchen neuen Anfang schenken? Niemand anderes als allein der gekreuzigte und lebendige Jesus Christus, der selbst die Heillosigkeit des Lebens an sich erfuhr und sie überwunden hat in der Gemeinschaft Gottes. Er ist der einzige Arzt, der meine tiefste Krankheit kennt, der sie selbst getragen hat, er ist der „Heiland“, der Herz, Seele und Leib heilen kann.

Was aber hat Vergebung der Sünden mit leiblicher Gesundung zu tun? Mehr als die meisten Menschen ahnen. Freilich, es ist ein geheimnisvoller Zusammenhang. Aber ist nicht wenigstens so viel begreiflich, dass von einem Menschen, der in seinem Herzen wieder frei und fröhlich geworden ist, so manche körperliche Beschwerde einfach abfällt? Der Leib wird vielfach allein darum krank, weil er sich selbst überlassen ist, weil er sein eigener Herr geworden ist. Nun aber hat der Leib seinen rechten Herrn wiederbekommen, der ihn regiert. Der Leib ist nicht mehr der Herr. Er ist nur noch Werkzeug, ja mehr als dies: „Tempel des Heiligen Geistes“ geworden. Es gibt viele Leiden, die von dem empfangenen Zuspruch der Vergebung nicht sichtbar gelindert und beseitigt werden. Aber der verborgene Zusammenhang von Vergebung und leiblicher Gesundung kann auch so sichtbar zutage treten, dass alle medizinischen Begriffe gesprengt werden und die Ärzte vor einem Rätsel stehen. Eines ist gewiss: Wie der Unglaube eine Quelle der Zerstörung und der Krankheit des Leibes und der Seele ist, so ist der Glaube eine Quelle aller Heilung und Gesundung.

Wenn Christus sich den Arzt der Kranken nennt, dann fällt auf jeden Kranken, wie elend er auch sei, der Glanz der göttlichen Barmherzigkeit. Der Kranke gehört Gott, an ihm will Gott sein Heil verwirklichen. So begegnen wir in dem kranken Bruder der Barmherzigkeit Gottes selbst, der in Jesus Christus der Arzt des Kranken ist. Der Kranke will Heilung. Christus schenkt ihm mehr: sein Heil.

Predigt, 26. November 1933, DBW 13, S. 325–331

PREDIGT ZU WEISHEIT 3,3: ... aber sie sind im Frieden.

Zwei Fragen haben uns heute in die Kirche geführt, unersättliche Fragen, die den Menschen von einem Ort zum anderen treiben, die ihn unstet auf dieser Erde machen, weil sie ungestillt auf seiner Seele brennen, und nun begehren sie hier in der Kirche Antwort, Wahrheit, Lösung; die Fragen heißen: Wo sind unsere Toten? Wo werden wir nach unserem eigenen Tode sein? Und nun erhebt die Kirche den Anspruch, auf diese letzte, auf diese unmöglichste Frage des Menschen Antwort zu geben. Ja, nur weil die Kirche auf diese letzte Frage Antwort weiß, darum besteht sie. Wüsste sie hier nicht mit aller Demut, aber auch mit aller Bestimmtheit zu sprechen, so wäre sie nichts als ein jämmerlicher Verein von Hoffnungslosen und Verzweifelten, die sich gegenseitig mit ihren Leiden interessant machen und zur Last fallen. Aber eben das ist die Kirche Christi nicht. Nicht vom Leiden, sondern vom Heil, nicht von der Skepsis, sondern von der getrosten Hoffnung wird hier geredet. Skepsis ist uninteressant – auch was einer alles nicht glaubt, ist uninteressant –, sondern was und dass einer glaubt und hofft, das allein ist wichtig. Kirche ist der Ort der unerschütterlichen Hoffnung.

Wo sind unsere Toten? Wir stehen heute in der Erinnerung an Totenbetten, wir sehen sie wieder vor uns – die wir lieb hatten – in jenem letzten Bild, das sich uns so einprägt wie kein anderes. Wir fühlen wieder, wie wir uns bei diesem Anblick selbst gänzlich vergaßen, wie unendlich nichtig uns in solchen Stunden unser eigenes Leben erschien, wie unser Blick wie im Bann gerichtet war auf diesen rätselhaften, stummen, lieben Menschen, der von dem Geheimnis, das er jetzt gesehen hat, nur noch schweigen konnte. Er ist hindurch, er ist auf dem Weg, von dem keiner zurückkehrt; über ihm liegt die Weihe eines Wissens und Schauens, das kein Lebendiger empfängt. Er ist so sehr Mensch dieser Erde wie nie zuvor, einer, der regungslos der Erde entgegenschläft –

und er ist doch auch so sehr fern von dieser Erde und von einer anderen Welt gezeichnet wie nie im Leben. Wir müssen vielleicht heute an lange, qualvolle Stunden denken, an Krankheit und Kampf und Unruhe – bis dann der Tod kam und alles ganz still und leise wurde, wie wir dann dumpf und ganz benommen an diesem Bett saßen, noch ohne zu begreifen, was eigentlich geschehen, war und immer nur ganz eintönig dieselbe Frage stellen mussten: Was ist nun geschehen? Wo bist du? Und vielleicht haben wir noch mit eben dieser selben Frage den Toten zu Grabe getragen und vielleicht ist es noch heute dieselbe Frage, die wir ihm nachrufen: Wo bist du? Wo bist du?

Vielleicht haben wir uns auch längst abgefunden damit, dass es mit ihnen zu Ende sei, dass sie ins Nichts zurückgesunken seien, aus dem sie einst kamen. Und doch kann unsere Liebe nicht lassen, sie zu suchen, sie fragt allerorten nach, ob denn keiner es wisse, wo der geliebte Mensch hingegangen sei. Ein tiefer, lauter Schmerzensruf geht durch die Welt, die Mutter ruft ihr Kind, das Kind ruft die Mutter, der Mann die Frau, der Freund den Freund, der Bruder ruft den Bruder, die Liebe weint um das Verlorene: Wo bist du? Wo seid ihr, ihr Toten, unsere Lieben?

Schweigend seid ihr von uns gegangen, habt uns allein gelassen, seid in ein fremdes Land gegangen, das niemand kennt. Warum sprecht ihr nicht? Wo seid ihr? Musstet ihr die ewige Wanderung antreten von einem Leben zum anderen? Seid ihr in der kalten Nacht des Grabes verlassen und einsam, oder müsst ihr umherirren in qualvoller Rastlosigkeit? Seid ihr um uns? Müsst ihr leiden wie wir? Vielleicht viel furchtbarer als wir? Sehnt ihr euch nach einer Heimat, nach Wärme, nach Liebe, nach uns? Oder ist euer Tod ein Schlaf, ein ewiges Träumen und Dämmern, ein müder Schlaf? So sprecht doch, warum seid ihr so fern?

Aber sie sprechen nicht. Und wenn die Menschen meinen, in okkulter Stunde Geister Verstorbener beschwören zu können, so mag da zwar allerlei zwischen Himmel und Erde sein, was wir nicht wissen und begreifen können – aber eines ist gewiss, unsere Toten sind das nicht, die hier erscheinen, sie sind uns entnommen, denn sie sind in Gottes Hand, und keine Qual rührt sie an. Wir können sie nicht quälen mit Tränen und Bitten und Beschwörung. Sie sprechen nicht. Sie bleiben stumm.

Wer antwortet unserer Frage? Wer antwortet der fragenden Liebe? Auch die Kirche vermag nicht die Toten zum Reden zu bringen, auch sie vermag nicht Geister zu beschwören. Aber was sagt sie der Mutter, die zu ihr flieht und sie nach ihrem Kinde fragt? Was sagt sie dem Kinde über seine Mutter? Was sagt sie der Frau, dem Kameraden? Sie weist nicht auf die Toten hin, sie sagt nicht dies oder jenes über sie, sie weist auch nicht in okkulte Welten, in die Welt der Toten hinein, sondern sie weist allein – auf Gott selbst. Okkulte Welten sind immer noch menschliche Welten, erreichbare, durch allerlei Zauberei zugängliche Welten. – Gottes Welt ist jenseits von allen Menschenwelten, von ihr kann kein anderer reden als Gott selbst und der, den er gesandt hat, Christus. Und in dieser Welt müssen wir unsere Toten suchen. Also wer mit der brennenden Frage zur Kirche kommt, wo seine Toten seien, der wird zuallererst auf Gott selbst gewiesen. Es gibt kein Wissen über die Toten ohne Gottesglauben. Gott ist der Herr der Toten, und er hat ihr Schicksal in der Hand, und nur wer von ihm weiß, weiß um seine Toten. Das heißt nun aber, es darf kein selbstsüchtiges Fragen nach den Toten geben. Denn nicht wir sind die Herren der Toten. Wer nach den Toten fragen will und wirklich Antwort haben, wer sich nicht mit halbem Trost begnügen will, der muss den Weg zu Gott wagen und ihn selbst fragen – und er wird antworten. Denn das ist sein Wille, dass er sich dem Menschen, der ihn fragt, der sich nach seinem Wort, nach seiner Antwort, nach seiner Wahrheit sehnt, der ihm glaubt, sich zeigt und ihm sein Geheimnis ausspricht.

Und nun spricht der Gott des Friedens und der ewigen Liebe es heute neu seiner Gemeinde aus, und nur seiner Gemeinde. Denen, die ihm glauben, gilt es, er sagt es seiner Gemeinde aufs Gewisseste zu: Sie sind bei mir, sie sind im Frieden. Gottes Welt ist Friede, letzter Friede nach letztem Kampf; Gottes Friede heißt Ausruhen für die, die das Leben müde gemacht hat; es heißt Geborgensein für die, die unbehütet und unbewacht wanderten; Heimat für die Heimatlosen, Stille für die Abgekämpften, Linderung für die gequälten, wunden Herzen, Tröstung für die Bekümmerten und Weinenden; Schlafendürfen für die Bebenden und Erschöpften ... Gottes Friede ist, wie wenn eine Mutter ihrem weinenden Kind mit ihrer Hand über die Stirn streicht und es tröstet. Ich will euch trösten, wie einen seine Mutter tröstet ... eure Toten sind getröstet mit Gottes Trost, er hat ihre Tränen abgewischt, er hat dem rastlosen Treiben ein Ende gemacht – sie sind im Frieden.

Über den Sterbebetten, auf denen sich ein starkes, rastloses Leben mit großer Angst zum Tode durchkämpft, bis es mit einem schweren Seufzer zu Ende geht ... geht das Wort auf: „Aber er ist im Frieden."

Über der letzten Not eines großen Sünders, dem der Tod die grässlichen Schrecken der Verdammnis vorhält und der an ihnen verzweifelt und verzagt in großer Reue und Buße, erscheint Christus, drückt dem Sterbenden selbst die Augen zu und spricht: „Aber er ist im Frieden."

Über den Särgen der Kinder und der Alten, über den Särgen der Frommen, die in einfältigem Glauben in ihrer letzten Stunde allein auf Christus hofften, singen die Engel: „Aber sie sind im Frieden." Wo wir Zurückgelassenen nichts sehen als Not und Angst und Pein und Selbstvorwurf und Reue, wo wir nichts sehen als Hoffnungslosigkeit und das Nichts, da sagt Gott: „Aber sie sind im Frieden."

Gottes „Aber" ist es, das gegen all unser Denken und Suchen geht. Gottes „Aber" ist es, das die Toten nicht sterben lässt, das sie auferweckt und zu sich führt. Gottes „Aber" ist es, das den Tod zum Schlaf macht, der uns in einer neuen Welt aufwachen lässt. Gottes „Aber" ist es, das die Toten ins Paradies bringt. „Wahrlich, ich sage dir, heute noch wirst du mit mir im Paradiese sein", so sagt Christus zu dem Räuber, der neben ihm am Kreuz hängt und Buße tut. „Aber" sie sind im Frieden – das heißt eben, dass es wahrhaftig nicht das Selbstverständliche ist, sondern das ganz und gar

Neue, das ganz und gar Letzte, das von Gott her Geschehende. Nicht unser Friede, sondern Gottes Friede.

Aber noch einmal sei es gesagt: Es gibt hier kein selbstsüchtiges Fragen, sondern all unser Wissen und all unsere Hoffnung kommen allein vom Blick auf Gott, dem wir alles anheimstellen und dem wir glauben, weil er sagt: Ich bin die Auferstehung und das Leben. Ich lebe, und ihr sollt auch leben. Und nun können wir doch von dieser Welt Gottes, die nicht unsere Welt ist, von dem Reich des Friedens, und dass unsere Toten uns vorausgegangen sind, gar nicht hören, ohne dass uns selbst eine unermessliche Sehnsucht, ein unbeschreibliches Heimweh beschleicht nach jener Welt, wie es die Kinder beschleicht vor der Weihnachtsstube, in der Freude die Fülle und seliger Friede sein wird. Der hat noch nie an Gott und an sein Reich geglaubt, der hat noch nichts vom Reich der Auferstehung vernommen, der von Stund' an nicht selbst Heimweh hat und wartet, freudig wartet auf des Leibes Erlösung.

Ob wir jung sind oder alt, das ist hier kein Unterschied. Was sind die zwanzig oder dreißig oder fünfzig Jahre vor Gott? Und wer weiß denn, wie nahe er vielleicht schon vor dem Ziel ist? Dass das Leben erst anfängt, wenn es hier aufhört, dass alles nur Vorspiel ist vor dem geschlossenen Vorhang – das sollen Junge und Alte bedenken. Warum haben wir denn solche Angst, an den Tod zu denken? Warum wird uns so bange, wenn wir uns vorstellen, wie wir auf dem Sterbebett liegen werden? Der Tod ist ja furchtbar nur für den, der Angst hat, der ihn fürchtet. Der Tod ist nicht wild und schrecklich, wenn wir nur still sind und an Gottes Wort halten. Der Tod ist nicht bitter, wenn wir nicht verbittert sind. Der Tod ist Gnade, Gottes größte Gnade, die er den Menschen, die ihm glauben, schenkt. Der Tod ist mild, der Tod ist süß, der Tod ist sanft, der Tod lockt mit himmlischer Gewalt, wenn wir nur wissen, dass es das Tor in die Heimat, in das Freudenzelt, in das ewige Reich des Friedens ist.

Vielleicht sagen wir: Ich habe nicht Angst vor dem Tod, ich habe aber Angst vor dem Sterben. Wer weiß es denn, dass das

Sterben etwas Schreckliches ist? Wer weiß es denn, ob nicht die Ängste und Nöte des Menschen nur das Zittern und Schaudern vor dem Herrlichsten, Himmlischsten, seligsten Ereignis der Welt sind? Dass es das Zappeln des neugeborenen Kindes ist, das das Licht der Welt erblickt? Was sind all die merkwürdigen Dinge, die wir an Sterbebetten erleben können, anderes als ein Hinweis gerade darauf? Was bedeutet es, wenn einer, der lange gekämpft und gerungen und sich geängstigt, im letzten Augenblick sein Auge groß auftut, als ob er etwas Herrliches sah und ruft: Gott, ist das schön! Wir fragen: Was bedeutet das?

Jawohl, der Tod ist schrecklich, ist der Knochenmann mit der Sense, der einen nach dem anderen zum Totentanz fordert, ob er will oder nicht – wenn der Mensch nicht glaubt, wenn er nicht zu den Gerechten gehört, von denen unser Wort gilt: Aber sie sind im Frieden.

Der Tod ist die Hölle und die Nacht und die Kälte, wenn ihn unser Glaube nicht verwandelt. Aber das ist ja das Wunderbare, dass wir den Tod verwandeln können. Wenn ihn unser Glaube an Gott berührt, da wird aus dem wilden Knochenmann, der uns Angst macht, der Freund, der Bote Gottes, da wird aus dem Tod Christus selbst. Ja, das sind sehr verborgene Dinge. Aber wir dürfen sie wissen. Und unser Leben hängt daran. Die Glaubenden werden Frieden haben und der Tod wird sie nicht schrecken, er kann sie nicht mehr anrühren, denn sie sind in der Hand Gottes, und keine Qual rührt sie an.

Es hat mancher versucht, sich den Tod zum Freund zu machen; und er ist ihm doch in letzter Stunde untreu geworden, er wurde sein Feind. Es gibt nur einen Weg, den Tod zum Freund zu haben, und der heißt Glaube. Und dann, dann wird der Tod der beste Freund. Dann wird auch einmal über unserem Sterbebett Gottes Wort klingen: „Sie sind im Frieden." Und unsere Augen werden übergehen vor Freude, wenn wir das Reich und diesen Frieden sehen werden.

Vielleicht kommt es euch kindlich vor, dass wir so reden. Aber können wir denn angesichts solcher Dinge anders als so kindlich reden? Sind wir denn angesichts solcher Dinge wirklich etwas anderes als Kinder, ahnungslose Kinder? Und wollen wir denn wirklich etwas anderes sein? Wollen wir etwas anderes sein, wenn wir in sein Reich kommen und den Freudentag sehen dürfen? Seht euch Kinder an, wenn sie sich freuen, und sagt selbst, ob ihr etwas Besseres sein wollt, und ob wir uns dessen zu schämen hätten. „Ich will euch trösten, wie einen seine Mutter tröstet."

Kinder der Auferstehung hat uns Christus genannt. Kinder, die Heimweh haben, das sind wir, wenn es recht mit uns steht.

„So will ich vor nun treiben mein Leben durch die Welt,
Doch denk ich nicht zu bleiben in diesem dunklen Zelt.
Ich wandre meine Straßen, die zu der Heimat führt,
Da mich ohn alle Maßen mein Vater trösten wird."
Amen.

Aus Predigt zu Römer 5,1–5, Groß-Schlönwitz,
März 1938, DBW 15, S. 470–476

„Wir *müssen* durch viel Trübsale in das Reich Gottes eingehen." Darum sollen wir lernen, unsere Trübsale liebzugewinnen, ehe es zu spät ist, ja, uns ihrer zu freuen und zu rühmen.

Wie soll das zugehen? „Wir wissen, dass Trübsal Geduld bringt, Geduld aber bringt Erfahrung, Erfahrung aber bringt Hoffnung. Hoffnung aber lässt nicht zuschanden werden." So lehrt uns Gottes Wort die Trübsale erst recht ansehen und verstehen. Die Trübsale, die uns in unserm Leben so hart und widerwärtig erscheint, ist in Wahrheit voll der größten Schätze, die ein Christ finden kann. Sie ist wie die Muschel, in der die Perle liegt. Sie ist wie ein tiefer Schacht, in dem man eines nach dem andern findet, je tiefer man hineinsteigt: erst Erz, dann Silber, zuletzt Gold. Trübsal bringt zuerst Geduld, dann Erfahrung, dann Hoffnung. Wer der Trübsal aus dem Wege geht, der verwirft mit ihr Gottes größtes Geschenk für die Seinen.

„Trübsal bringt Geduld." Geduld heißt wörtlich übersetzt: Darunterbleiben[6], die Last nicht abwerfen, sondern tragen. Viel zu wenig wissen wir heute in der Kirche von dem eigentümlichen Segen des Tragens. Tragen, nicht abschütteln, tragen, aber auch nicht zusammenbrechen, tragen, wie Christus das Kreuz trug, drunterbleiben und dort unten – Christus finden. Legt Gott eine Last auf, so beugt der Geduldige sein Haupt und glaubt, es sei gut für ihn, gedemütigt zu werden – *darunter*bleiben! Aber darunter*bleiben!* fest bleiben, stark bleiben heißt es ja nun auch; nicht schwächliches Nachgeben, Weichen, keine Leidensseligkeit, sondern unter der Last als einer Gnade Gottes erstarken, den Frieden Gottes unerschütterlich bewahren. Gottes Friede ist bei den Geduldigen.

„Geduld bringt Erfahrung." Ein Christenleben besteht nicht in Worten, sondern in Erfahrung. Niemand ist Christ ohne Erfahrung. Nicht von Lebenserfahrung ist hier die Rede, sondern von der Erfahrung Gottes. Aber auch nicht von allerlei Gotteserlebnissen wird hier gesprochen, sondern von der Erfahrung, die in der Bewährung des Glaubens und des Friedens Gottes liegt, von der Erfahrung des Kreuzes Jesu Christi. Erfahren sind nur die Geduldigen. Die Ungeduldigen erfahren nichts. Wem Gott solche Erfahrung schenken will – einem Einzelnen oder einer Kirche –, dem schickt er viel Anfechtung, Unruhe und Angst, der muss täglich und stündlich um den Frieden Gottes schreien. Die Erfahrung, von der hier die Rede ist, führt uns in die Tiefe der Hölle und in den Rachen des Todes und in den Abgrund der Schuld und in die Nacht des Unglaubens. Aber in dem allen will Gott seinen Frieden nicht von uns nehmen, in dem allen erfahren wir von Tag zu Tag mehr die Kraft und den Sieg Gottes, den Friedensschluss am Kreuze Christi.

Darum bringt Erfahrung Hoffnung. Denn jede überstandene Anfechtung ist ja schon das Vorspiel der letzten Überwindung, jede besiegte Welle bringt uns dem ersehnten Land näher. Darum

---

6 Dies ist die wörtliche Übersetzung des griechischen Terminus aus dem Neuen Testament: hypomoné.

wächst mit der Erfahrung die Hoffnung, und in der Erfahrung der Trübsal ist der Widerschein der ewigen Herrlichkeit schon zu ahnen.

„Hoffnung aber lässt nicht zuschanden werden." Wo noch Hoffnung ist, da ist kein Unterliegen, da mag noch allerlei Schwachheit, viel Geschrei und Jammer, viel ängstliches Rufen sein, aber da ist doch der Sieg schon ergriffen. Das ist das Geheimnis des Leidens in der Kirche und im christlichen Leben, dass gerade das Tor, an dem geschrieben steht: Lasst alle Hoffnung fahren!, dass gerade das Tor des Leides, des Verlierens, des Sterbens für uns zu dem Tor der großen Hoffnung auf Gott, zu dem Tor des Ruhmes und der Herrlichkeit werden soll. „Hoffnung lässt nicht zuschanden werden." Haben wir in der Kirche und für unsere Kirche noch diese große Hoffnung auf Gott selbst? dann ist alles gewonnen, haben wir sie nicht mehr? Dann ist alles verloren.

„Trübsal bringt Geduld, Geduld bringt Erfahrung, Erfahrung bringt Hoffnung, Hoffnung lässt nicht zuschanden werden", das aber alles nur für den, der den Frieden Gottes in Jesus Christus gefunden hat und bewahrt, und von dem es nun heißt: „denn die Liebe Gottes ist ausgegossen in unser Herz durch den Heiligen Geist, der uns gegeben ist". Wer von Gott geliebt ist und wer darum Gott allein und über alle Dinge liebt, der allein darf so sprechen. Nein, die Stufenreihe von der Trübsal zur Hoffnung ist keine irdische Selbstverständlichkeit. Luther hat gesagt, es könnte ja auch ganz anders heißen, nämlich: Trübsal bringt Ungeduld, Ungeduld bringt Verstockung, Verstockung bringt Verzweiflung, Verzweiflung aber lässt ganz zuschanden werden. Ja, so muss es heißen, wenn uns der Friede Gottes verloren geht, wenn uns ein irdischer Friede mit der Welt lieber ist als der Friede mit Gott, wenn wir die Sicherheiten unseres Lebens mehr lieben als Gott. Dann muss uns die Trübsal zum Verderben gereichen.

Aber die Liebe Gottes ist ausgegossen in unser Herz. Wem es Gott durch den Heiligen Geist schenkt, dass das Unbegreifliche in ihm geschieht, nämlich dass er anfängt, Gott zu lieben um Gottes willen, nicht um irdischer Güter und Gaben willen, auch nicht um des Friedens willen, sondern wirklich ganz allein um Gottes willen, wem die Liebe Gottes im Kreuze Jesu Christi widerfahren ist, dass er anfängt, Gott zu lieben um Jesu Christi willen, wer durch den Heiligen Geist dahin geführt wird, nichts mehr zu begehren als in Ewigkeit an Gottes Liebe teilzuhaben, sonst aber nichts, gar nichts – der spricht aus dieser Liebe Gottes und mit ihm die ganze Gemeinde Jesu Christi: Wir haben Frieden mit Gott. Wir rühmen uns der Trübsale. Die Liebe Gottes ist ausgegossen in unser Herz. Amen.

Predigtentwurf 1935, Gesammelte Werke, Bd. IV, S. 221

Dort am Ziel anlangen, das wird hier Sterben genannt. Aber in Wirklichkeit sehen wir dann, was wir gehört haben. In Wirklichkeit ist dies Sterben nicht Sterben, sondern Leben. Dort am Ziel fangen wir erst wirklich an zu leben. Es ist ein Land des Lebens, von dem berichtet wird, dass dort der lautere Strom lebendigen Wassers fließe, klar wie Kristall.

Gesetze und Evangelium in der Seelsorge 1935,
Gesammelte Werke, Bd. V, S. 369

Wir haben keinen Trost. Die Lücke kann nur von Gott selbst geschlossen werden, indem er in ein Leben einbricht. Trost gibt es nur dort, wo Gott einem Menschen in seinem Leid wichtiger wird als alles andere, auch als die Frage nach dem Schicksal unserer Toten.

Vorlesung. Seelsorge an Kranken 1935,
Gesammelte Werke, Bd. V, S. 392

Heilen bedeutet bei Jesus, dass er die Kranken in ihrer Schwachheit annimmt und trägt, wie er sie am Kreuz tragen wird. Nur als Gekreuzigter ist er der Heiland.

An Eberhard Bethge: Brief aus dem Gefängnis,
16. Juli 1944, DBW 8, S. 534

Gott lässt sich aus der Welt herausdrängen ans Kreuz, Gott ist ohnmächtig und schwach in der Welt und gerade und nur so ist er bei uns und hilft uns. Es ist Matthäus 8,17 ganz deutlich, dass Christus nicht hilft kraft seiner Allmacht, sondern kraft seiner Schwachheit, seines Leidens! Hier liegt der entscheidende Unterschied zu allen Religionen. Die Religiosität des Menschen weist ihn in seiner Not an die Macht Gottes in der Welt, Gott ist der deus ex machina. Die Bibel weist den Menschen an die Ohnmacht und das Leiden Gottes; nur der leidende Gott kann helfen.

An Eberhard Bethge: Brief aus dem Gefängnis,
18. Juli 1944, DBW 8, S. 535

„Christen stehen bei Gott in seinem Leiden“, das unterscheidet Christen von Heiden. „Könnt ihr nicht eine Stunde mit mir wachen?“ fragt Jesus in Getsemani. Das ist die Umkehrung von allem, was der religiöse Mensch von Gott erwartet. Der Mensch wird aufgerufen, das Leiden Gottes an der gottlosen Welt mitzuleiden.

An Eberhard Bethge: Brief aus dem Gefängnis,
18. Juli 1944, DBW 8, S. 535

Nicht der religiöse Akt macht den Christen, sondern das Teilnehmen am Leiden Gottes im weltlichen Leben.

Brief aus dem Gefängnis, 28. Juli 1944, DBW 8, S. 549

Nicht nur die Tat, sondern auch das Leiden ist ein Weg zur Freiheit. Die Befreiung liegt im Leiden darin, dass man seine Sache ganz aus den eigenen Händen geben und in die Hände Gottes legen darf. In diesem Sinne ist der Tod die Krönung der menschlichen Freiheit.

Aus Predigt zu Johannes 2,17, Barcelona,
26. August 1928, DBW 10, S. 499–504

Mit alttestamentlicher Kraft verkündet uns das Wort ein Memento mori: Gedenke daran, dass einmal alles zu Ende geht, dass es einmal heißt: Nun mach deine Rechnung über dein Leben. Und dass dann der Augenblick des Sterbens über dich kommt mit der Gewissheit, dass die Welt eine Welt des Todes ist und dass der Gewalt der Zeit nichts standhalten kann, wenn nicht das eine – die Ewigkeit, dass es aus ist mit dir und mit mir. Herr lehre doch mich, dass es ein Ende mit mir haben muss und mein Leben ein Ziel hat und ich davon muss. Wollen wir gedankenlos dieser Tatsache entgegengehen? Wollen wir leichtsinnig bleiben bis zur letzten Stunde? Nein, lasst uns in Gottes Namen ernst machen mit uns und d. h. mit dem Letzten, mit dem Tode, und dann lasst uns schauen auf das Wunder, was geschehen ist. Lasst uns an die Grenzen der Welt, der Zeit denken – und es wird ein Wunderbares geschehen. Die Augen werden uns aufgetan dafür, dass die Grenze der Welt, das Ende der Welt – der Anfang eines Neuen ist, der Ewigkeit. Hier verliert die Zeit ihre Gewalt an die Ewigkeit, das Letzte in der Welt, der Tod, wird zu einem Vorletzten. Alle Vergänglichkeit rückt unter den Gesichtspunkt der Ewigkeit. Aber diese Ewigkeit ist nicht fern von uns, nein aus seiner Ewigkeit heraus hat Gott seine Hand ausgestreckt in die Zeit hinein in Jesus Christus, mitten in der Vergänglichkeit, der Todeswelt, können wir die Hand Gottes ergreifen und uns von ihm in die Ewigkeit ziehen lassen. Das ist das Wunder der Offenbarung in Jesus Christus. Da steht in aller Vergänglichkeit und Dunkelheit ein Zeichen aus der Ewigkeit, ernst und gewaltig, überstrahlt von der göttlichen Sonne der Gnade und des Lichtes – das Kreuz. Und da hängt Er, die Arme ausgebreitet, als wollte er die ganze Welt umfangen in Liebe und zu seinem Vater führen. Er, der die Liebe Gottes unter den Menschen war. Kommt herzu zu diesem Kreuz, dem Zeichen göttlicher Liebe, kommt unter sein Licht, klammert euch fest daran und es wird euch von seinem Licht schenken, solange ihr bei ihm bleibt. Und so ist's geschehen, dass ihr nun selbst ewig geworden seid.

Wir sagten, nur der kann den Bann des Todes brechen, der das Urböse in der Menschheit tilgt. Das ist Jesus Christus; er heiligt den Bösen, er wendet den Widerstrebenden zu Gott, er macht aus Saulus Paulus. Er reinigt den Sünder und ruft ihn, dessen Schicksal der Tod ist, hinaus in die Ewigkeit. Da steht das Kreuz.

Und nun das Wunderbarste: Er macht uns schon hier ewig, wir sind nicht mehr sterblich vergänglich, wir sind ewig, weil Gott uns gerufen hat, ewig schon hier mitten in der Zeit, wir tragen die Ewigkeit in unserer Brust. Wer ihm glaubt, der hat das ewige Leben, der kann nicht mehr sterben, sondern lebt, ob er gleich stürbe. Ewig sein in jedem Augenblick im Aufblick zu Gott, das ist der Sinn unseres Lebens. Nun haben wir den Tod überwunden, er liegt hinter uns als ein Nichts, wir sind vom Tode zum Leben durchgedrungen. Die Welt vergehet mit ihrer Lust, wer aber den Willen Gottes tut, bleibet in Ewigkeit.

Nun ist uns die Frage klar vorgelegt: Willst du ein Mensch des Todes bleiben, einer, der sich dahintreiben lässt und vergeht, wie ein Gras, oder willst du ein Mensch der Ewigkeit sein, einer, der sich erschrecken ließ vom Gedanken des Todes und der die Ewigkeit gefunden hat. Eins von beidem gibt es nur; bleibe leichtsinnig und gedankenlos und unernst und du bist ein Mensch der Todeswelt. Oder geh hin noch heute, mach ernst und du wirst ein Ewigkeitsmensch werden. Ja aber wie denn das? Da gibt Jesus eine verblüffend einfache Antwort: Tu den Willen Gottes! Weiß ich den immer noch nicht genug, so hole ich mir die Antwort von Jesus: Gehe hin nach Hause, hab deine Brüder und Schwestern, deine Frau, deine Kinder, deine Eltern und deine Freunde lieb, vertrag dich mit deinem Nachbarn, hilf dem, der Hilfe braucht, gib dem, der nichts hat, von dem, was du hast; sei friedlich und barmherzig, sei rein in Gedanken und Worten; Du lebst in der Welt.

Gott hat dich in sie hineingesetzt, in ihr, mitten in der Vergänglichkeit, sollst du den Willen Gottes tun. Freu dich an dem, woran du dich freuen kannst, aber häng dein Herz nicht an die Welt, dein Herz gehört der Ewigkeit, gehört Gott. Will die Welt dein Herz, so erkläre ihr den Krieg, will sie deine Kraft, deine Hilfe, dein Leben, so gib sie ihr hin, soviel du kannst, so wirst du aus einem Menschen des Todes ein Mensch der Ewigkeit werden.

Man hätte nun Text und Predigt missverstanden, wenn man meinte, Christen wären Pessimisten, die bei allem, was sie sähen, nur an ihre Vergänglichkeit dächten und nur resignierten. Gewiss, die Christen sind Pessimisten in Bezug auf die Welt, sie erwarten nicht allzu viel von der Welt, sind nicht kulturselig, aber sie sind Optimisten in Bezug auf das Göttliche in der Welt, sie wissen, dass Gott ihnen die Ewigkeit schenkt, darum sind es freudige, heitere Menschen, freilich eine Heiterkeit, in die doch immer wieder ein bisschen Wehmut und Weltschmerz hineinschaut. Der Christ hat sein Betätigungsfeld in der Welt. Hier soll er anfassen, mitschaffen und wirken, hier den Willen Gottes tun, und darum ist der Christ nicht resignierter Pessimist, sondern einer der freilich von der Welt wenig erhofft und darum also schon in der Welt freudig und heiter ist, denn sie wird ihm zum Saatfeld der Ewigkeit. Wer aber den Willen Gottes tut ... Ewigkeit.

Es kommt die Stunde, wo es sich über uns entscheidet: zum ewigen Tode oder zum ewigen Leben. Mag auch wie am Ende des Faust der böse Geist dann rufen: gerichtet, wenn nur auch der ewige, gute Geist ruft: gerettet.

Aus: Nachfolge: Die Nachfolge und das Kreuz 1937, DBW 4, S. 82

Nachfolge ist passio passiva, Leidenmüssen.

Aus: Nachfolge: Die Nachfolge und das Kreuz 1937, DBW 4, S. 83

Das Tragen des Kreuzes erwies sich ihnen als die einzige Überwindung des Leidens. Das aber gilt für alle, die Christus nachfolgen, weil es für Christus selbst galt.

Aus: Nachfolge. Die Nachfolge und das Kreuz 1937, DBW 4, S. 83

Jesus bittet den Vater, der Kelch möge vorübergehen, und der Vater erhört die Bitte des Sohns. Der Kelch des Leidens wird an Jesus vorübergehen, aber *allein darin, dass er getrunken wird.*

Brief an seine Braut Maria von Wedemeyer:[7]
(Prinz-Albrecht-Straße) 19. 12. 1944

Meine liebste Maria!
Ich bin so froh, dass ich dir zu Weihnachten schreiben kann, und durch dich auch die Eltern und Geschwister grüßen und euch danken kann. Es werden sehr stille Tage in unsern Häusern sein. Aber ich habe immer wieder die Erfahrung gemacht, je stiller es

7 Aus: Brautbriefe Zelle 92. Dietrich Bonhoeffer, Maria von Wedemeyer 1943–1945, München 1993, S. 208ff.

um mich herum geworden ist, desto deutlicher habe ich die Verbindung mit euch gespürt. Es ist, als ob die Seele in der Einsamkeit Organe ausbildet, die wir im Alltag kaum kennen. So habe ich mich noch keinen Augenblick allein und verlassen gefühlt. Du, die Eltern, ihr alle, die Freunde und Schüler im Feld, ihr seid mir immer ganz gegenwärtig. Eure Gebete und guten Gedanken, Bibelworte, längst vergangene Gespräche, Musikstücke, Bücher bekommen Leben und Wirklichkeit wie nie zuvor. Es ist ein großes unsichtbares Reich, in dem man lebt und an dessen Realität man keinen Zweifel hat. Wenn es im alten Kinderlied von den Engeln heißt: „zweie die mich decken, zweie, die mich wecken", so ist diese Bewahrung am Abend und am Morgen durch gute unsichtbare Mächte etwas, was wir Erwachsenen heute nicht weniger brauchen als die Kinder. Du darfst also nicht denken, ich sei unglücklich. Was heißt denn glücklich und unglücklich? Es hängt ja so wenig von den Umständen ab, sondern eigentlich nur von dem, was im Menschen vorgeht. Ich bin jeden Tag froh, dass ich dich, euch habe, und das macht mich glücklich froh. –

Das Äußere ist hier kaum anders als in Tegel, der Tagesablauf derselbe, das Mittagessen wesentlich besser, Frühstück und Abendbrot etwas knapper. Ich danke euch für alles, was ihr mir gebracht habt. Die Behandlung ist gut und korrekt. Es ist gut geheizt. Nur die Bewegung fehlt mir, so schaffe ich sie mir bei offenem Fenster in der Zelle mit Turnen und Gehen. Einige Bitten: Ich würde gern von Wilhelm Raabe: „Abu Telfan" oder „Schüdderump" lesen. Könnt ihr meine Unterhosen so konstruieren, dass sie nicht rutschen? Man hat hier keine Hosenträger. Ich bin froh, dass ich rauchen darf! Dass ihr alles für mich denkt und tut, was ihr könnt, dafür danke ich euch; das zu wissen ist für mich das Wichtigste.

Es sind nun fast 2 Jahre, dass wir aufeinander warten, liebste Maria. Werde nicht mutlos! Ich bin froh, dass du bei den Eltern bist. Grüße Deine Mutter und das ganze Haus sehr von mir. Hier noch ein paar Verse, die mir in den letzten Abenden einfielen. Sie sind der Weihnachtsgruß für dich und die Eltern und Geschwister.

1. *Von guten Mächten treu und still umgehen,*
behütet und getröstet wunderbar, –
so will ich diese Tage mit euch leben
und mit euch gehen in ein neues Jahr,

2. *noch will das alte unsre Herzen quälen,*
noch drückt uns böser Tage schwere Last,
Ach, Herr, gibt unsern aufgeschreckten Seelen
das Heil, für das Du uns geschaffen hast.

3. *Und reichst Du uns den schweren Kelch, den bittern,*
des Leids, gefüllt bis an den höchsten Rand,
so nehmen wir ihn dankbar ohne Zittern
aus Deiner guten und geliebten Hand.

4. *Doch willst Du uns noch einmal Freude schenken*
an dieser Welt und ihrer Sonne Glanz,
dann woll'n wir des Vergangenen gedenken,
und dann gehört Dir unser Leben ganz.

5. *Lass warm und hell die Kerzen heute flammen,*
die Du in unsre Dunkelheit gebracht,
führ, wenn es sein kann, wieder uns zusammen!
Wir wissen es, Dein Licht scheint in der Nacht.

6. *Wenn sich die Stille nun tief um uns breitet,*
so lass uns hören jenen vollen Klang
der Welt, die unsichtbar sich um uns weitet,
all Deiner Kinder hohen Lobgesang.

7. *Von guten Mächten wunderbar geborgen,*
erwarten wir getrost, was kommen mag.
Gott ist bei uns am Abend und am Morgen,
und ganz gewiss an jedem neuen Tag.

Sei mit Eltern und Geschwistern in großer Liebe und Dankbarkeit gegrüßt.
Es umarmt dich
dein Dietrich

Bibelstellenregister